從名城讀日本史

30座名城 × 32個歷史事件

細數從建國到戰後，日本史上的關鍵大事

孫實秀——著

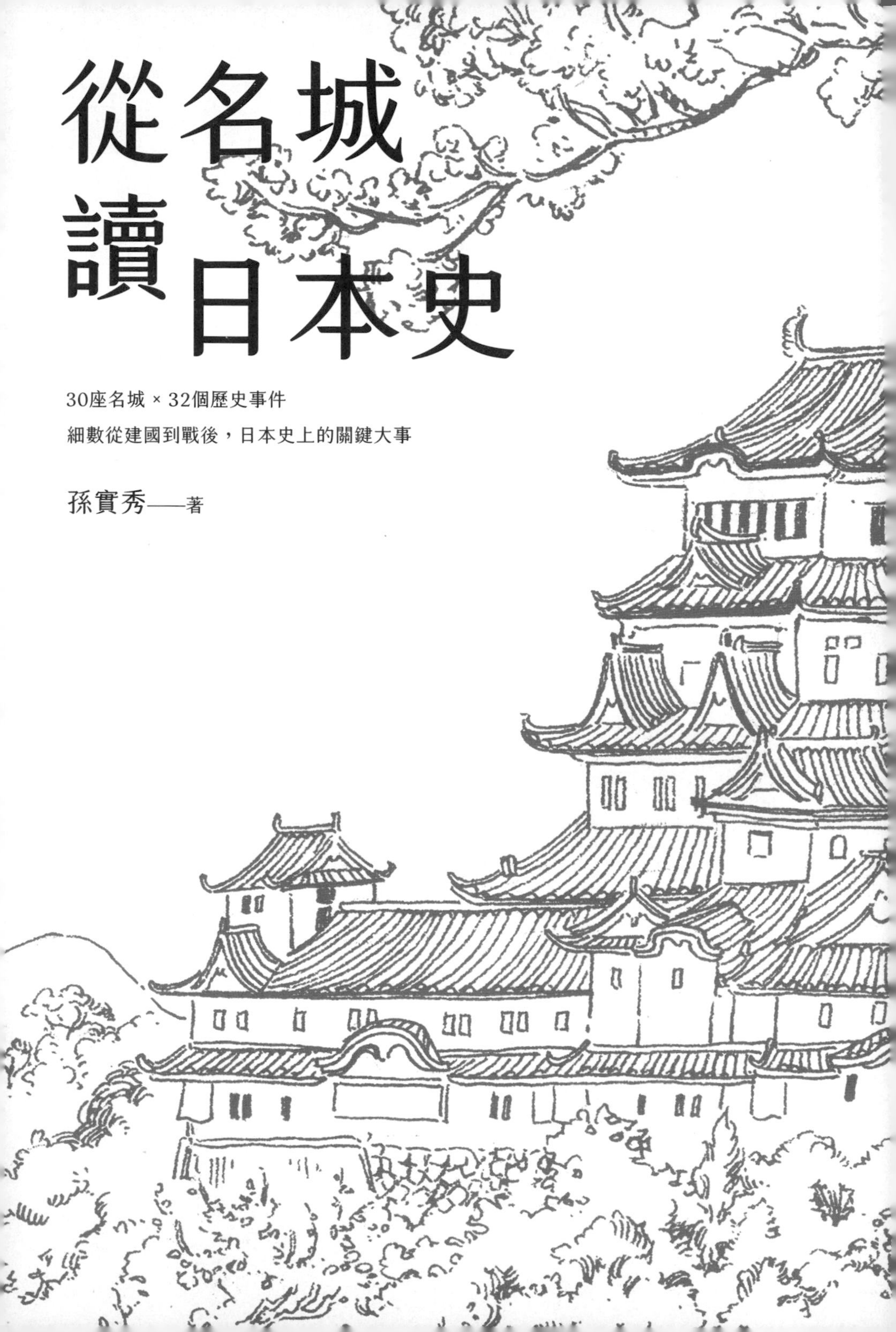

目錄

序——穿梭日本千年興衰史 007
水城——「唐軍入侵」與日本建國之初 011
多賀城——統一東北，展開「征夷大將軍」的傳奇 019
千早城——倒幕與尊王之始 033
足利氏館——連傳教士也仰慕的中世最高學府 043
興國寺城——由零開始「下剋上」掀戰國亂世 051
二条城——擦槍走火促成戰國最惡「下剋上」弒君 065
槙島城——室町幕府之終焉 077

安土城——見證織田信長的榮盛 091
清洲城——瓜分主子領地的「清洲會議」 101
石垣山城——見證小田原征伐的「一夜城」 111
名護屋城——豐臣秀吉征服朝鮮之夢 125
上田城——善於計謀、以小博大的真田家 135
江戶城——躍足全國以至世界的大都會 149
大坂城——大坂雙陣與亂世的終結 163
原城——江戶幕府最大暴動「島原之亂」與日本鎖國之始 177
赤穗城——忠臣藏的故事「赤穗事件」 191

佐賀城——（倒幕四雄藩：肥前）鍋島齊正吹起的近現代化之風 211
鹿兒島城——（倒幕四雄藩：薩摩）幕末第一名君島津齊彬的現代化改革 223
品川台場——開國之始！黑船來航！ 235
萩城——（倒幕四雄藩：長州）明治維新的推手：吉田松陰與他的倒幕之夢 249
高知城——（倒幕四雄藩：土佐）土佐藩與前藩主山內容堂的兩難 263
二条城——「王政復古」政變，讓德川慶喜的「大政奉還」成泡影 277
江戶城——無血開城與「幕末三舟」大功臣 291
會津若松城——見證內戰「戊辰戰爭」最悲慘的一幕 307
五稜郭——「戊辰戰爭」的最後一頁 321

熊本城——「西南戰爭」的勝敗關鍵 335
鹿兒島城——「末代武士」西鄉隆盛 349
首里城——琉球歸入日本記 359
丹波龜山城——日本政府鎮壓宗教的「大本事件」 371
名古屋城——第二次世界大戰時被焚毀的天下名城 385
廣島城——見證人類首次使用核子武器的原爆災禍 395
姬路城——邁向世界的日本第一城 405
跋 415
參考書目 417

序

穿梭日本千年興衰史

日本歷史至少有千年以上，若要從中找出一個共通點，來談論穿梭日本古今的重點，大家會想到什麼呢？天皇？日本刀？飲食文化？答案是：城郭！

人類構建城郭以保衛自己的居所，日本也不例外。隨著時代變遷，城郭在不斷進化下，重要性日益提高，與城相關的歷史事件也越來越多，亦不僅限於戰爭上，其他如地緣發展、政治、文化、宗教等也息息相關。本書即是基於此原因，以不同角度介紹與日本城郭相關的故事。

雖然隨著文明開化時代進步，城郭作為保衛領地的角色也漸漸淡化。現今日本正處於和平時代，城郭早已喪失其原有功用，但隨之而來的，卻是後人對城郭的思念。日本人不單將現存城郭保留下來，部分城市更重建當地天守，發展成古蹟旅遊吸引觀光客。

從古時防衛到現今觀光，城在不同的時代扮演著不同角色。人生如戲，日本史上許多重要大事，猶如戲劇般峰迴路轉。城郭像「綠葉」般作為配襯存在，城下大大小小歷史，串連成各式各樣故事。人與城郭互動，交織著影響日本歷史的主體脈絡。從上古時代的「大化革新」開始，至一九九三年姬路城成為日本首個世界文化遺產，這些日本歷史上重要大事，都與城郭息息相關，也是本書要介紹的日本歷史故事範圍。

日本的城郭歷史，大家猜到最早是什麼時候開始呢？日本城郭史最早可追溯至彌生時代[1]的「環濠部落」[2]。談到現存最古的大型城郭遺跡，則非位於九州的吉野里遺跡（佐賀縣神埼郡）莫屬了。根據學者考證，吉野里遺跡大概在西元前四世紀便已存在，環濠部落可說是日本城郭的起源，但卻在踏入古墳時代[3]後走向式微衰落。現今吉野里遺跡成為吉野里歷史公園，讓遊客參觀上古時代的城郭遺構，二〇〇六年（平成十八年）更被日本城郭協會選為日本百名城之一。

另一邊，遠在本州的大和王權（也就是現今日本皇室）崛起，在經歷大化革新後，正式以「日本」為國號建立「天皇」稱號。西元六四五年（大化元年），孝德天皇即位，開創日本史上首個年號「大化」，仿效中國的唐朝，建立一個由天皇執政的長久政權。「日本」這艘小舟正式起航，帶領著日本人流向歷史長河。

* 本書記載的日期沿用和曆。一八七三年（明治六年）日本改用西曆，此後日期改為西曆。

---

1 約西元前十世紀至西元三世紀。

2 透過濠及柵等簡單基本的防禦工事，保護其內的部落。

3 約西元三世紀後半至七世紀末。

1｜吉野里遺跡現已發展成為吉野里遺跡公園，
供遊客參觀。

水城

「唐軍入侵」與日本建國之初

日本的大和政權自大化革新起，仿效中國唐朝體系，建立一套以天皇為中心的律令制[1]，更將國號由「倭」改名為「日本」，喻意日出之國度。

就在日本喜氣洋洋建立新體制的時候，另一邊遙遠的朝鮮，當時三分天下局勢出現變化！三國之一的新羅，在中國唐朝的支援下，於六六〇年（齊明天皇六年）滅掉另一國百濟。日本一直與百濟有邦交，在百濟遺民的請求下，義氣相挺，出兵試圖為百濟復國。不料新羅與唐朝聯手，在六六三年（天智天皇二年）於白村江一戰大敗日本軍，百濟的復國夢也隨之幻滅……。

當戰敗消息傳到日本，舉國震驚。日本震驚的不僅是打敗仗，更擔心因支援百濟而得罪唐朝，害怕唐朝藉此興師問罪，甚至出兵討伐日本！於是天智天皇一方面向唐朝賠不是，表面上派遣遣唐使稱臣示好，實際上向唐朝打探出兵日本虛實；另一方面則研究萬一唐朝真的率兵開戰，究竟該怎麼抵禦。

天智天皇首先想到的是，在九州建立第一道防禦線抵擋唐軍入侵，於是以九州的太宰府為重心，在周邊興建數個城郭來保護太宰府。不過當時的城郭還停留於簡單防禦工事的城柵上，尚未有能力建造出具實際防禦作用的城郭。幸而百濟滅亡時，不少百濟遺民逃難前往日本，同時將朝鮮的築城技術傳入。天智天皇遂起用憶禮福留、四比福夫等百濟流亡官吏，利用他們的築城技術建造古代城郭。六六四年（天智天皇三年），天智天皇下令率先在九州太宰府（福岡縣太宰府市）附近，興建日本首座有跡可尋的城郭：水城。

水城雖說是日本史上最早有文獻紀錄的城郭遺跡，但或許將水城稱為巨型土壘[2]關隘可能更貼切。水城主要是連接大城山（位於福岡縣太宰府市）與牛頸高原（兩地皆位於現今福岡縣太宰府市）之間的一條城壁防線，與一般大眾所認知的城郭有所不同。但是從防禦上而言，符合日本對城郭的廣泛定義。因此日本將水城視為城郭，更列入日本「續百大名城」之一。

興建三座城以守護太宰府

興建水城只是天智天皇的第一步，翌年更進一步分別在大城山及基山（佐賀縣基山町），興建大野城及基肄城。這三座城正好形成一個三角，將太宰府包圍其中。利用平城的水城，以及大野城基肄城兩座山城所形成的屏障，保護九州重鎮太宰府，這個概念的原型則參考自百濟的泗沘都城。

之後西日本的部分區域紛紛興建山城以作防備。例如高安城（大阪府八尾市）、鞠智城（熊本縣山鹿市）等等，甚至遠離日本本州本土的離島對馬，也興建了金田城

1｜為防止唐朝入侵，日本建造首個有跡可尋的城郭：水城。
2｜水城與其說是「城」，倒不如說是「關陝」或許更合適，圖為水城的土壘。
3｜水城的東門跡，連結城外的出入口通道。
4｜日本隨後另建大野城及基肆城以保護太宰府，圖為大野城跡。

1	3
2	4

5｜基肄城完成後，三城以三角的形式包圍保護太宰府。

（長崎縣對馬市）作防衛前線。在築城的同時，天智天皇在六六七年（天智天皇六年）三月十九日，將居城由飛鳥（奈良縣明日香村）遷至大津（滋賀縣大津市），進一步深入內陸，防止唐軍入侵受到波及。

然而當天智天皇做好各種準備之後，「唐軍入侵」呢？當然如日後歷史發展般不存在了。天智天皇所派出的遣唐使入唐朝貢後奏效，唐朝嫌出兵東瀛太遠，既然對方主動投誠，亦懶得出兵。之後唐朝派遣官員前往日本回禮，兩國關係逐漸回到正常。唐朝入侵日本的流言不攻自破，日本總算有驚無險地逃過一劫。

1 古代中央集權統治的政治及社會制度，源於中國。

2 類似土堤，但性質以防衛為主。

多賀城

統一東北，展開「征夷大將軍」的傳奇

日本成功逃過被唐朝入侵的危機後，將視野放回國內。這時候的日本，西面如九州等地大致被歸入日本版圖，不過東面的進展卻不順利，本州特別是東北地區，仍然被蝦夷所統治。蝦夷並非一個國家，而是眾多部落所統稱的蠻夷之地。當地部分首領不願服從日本，威脅日本關東地區的安危，於是日本正式展開「征夷」。

古代日本受中國的四夷思想所薰陶，對於尚未統一的地方，按方位稱東夷、西戎、南蠻及北狄。八世紀時的日本，東北地區畫分陸奧[1]及出羽[2]兩國，一般統稱奧羽。當時日本所指的東夷[3]（蝦夷），是指面向太平洋的陸奧；至於北狄[4]（蝦狄）則指面向日本海的出羽。兩地雖設置國府，但勢力仍未鞏固，經常受到蝦夷蝦狄的威脅。

日本為開疆拓土及消除威脅，遂任命將軍遠征。最初日本對將軍稱謂沒有統一格式，而是按照進軍路線，從太平洋方面進軍陸奧的稱為鎮東將軍、征夷將軍；從日本海方面進軍出羽的則稱為鎮狄將軍。為平定蝦夷部落，日本最早在七〇九年（和銅二年）任命巨勢麻呂為鎮東將軍，東征陸奧，自此與蝦夷展開長期的爭戰。

♜南有太宰府，北有多賀城

當日本派遣遠征軍討伐蝦夷後，為了進一步落實對陸奧統治，決意建立一個媲美

此蝦夷不同彼蝦夷

無獨有偶，中世紀的北海道也有蝦夷地的存在，古代及中世都叫蝦夷，大家也許以為是同一種族吧？學界也一直對此問題爭論不休，至今仍未定案。不過根據近年考證，兩者似乎並非相同的部落族群。

儘管這兩者的漢字都是「蝦夷」，但是日文讀法相異。古代蝦夷日文稱為 emishi（えみし），最初指本州東部、東北部及北海道居住的部落民族。種族上既有一部分為日本人，亦有一部分為愛努族（アイヌ）人。他們擁有各自的文化，彼此間沒有統一性，部分部落族群拒絕接受日本統治。日本在早期按地區將東北畫分為蝦夷及蝦狄兩個部落族群，但隨著「征夷大將軍」的出現，將蝦狄也視為蝦夷看待。隨著日本不斷往本州擴張，古代蝦夷部落不是被日本所滅，就是向日本投降並歸化，其餘則逃往北海道，成為中世蝦夷的其中一脈。

至於中世的蝦夷，日文則稱為 ezo（えぞ），種族上屬愛努族人，分布於北海道、樺太及千島列島地區，文獻上最早可追溯至西元十三世紀。與古代蝦夷一樣，愛努族人亦擁有一套獨特的文化，部落分散且不少是對立的。愛努族人在西元十五世紀最為繁盛，曾在北海道爆發多次暴亂，威脅當地日本人的安全。隨著日本對北海道等地的擴張，愛努族人亦因而衰落及被同化。

血統上，部分古代蝦夷人與日本人相近；而中世蝦夷人則基本上屬於愛努族人，可說是兩者最大的差異。

九州大宰府（福岡縣太宰府市）的有效管治據點。七二四年（神龜元年）遠征軍副將軍大野東人，興建多賀柵（宮城縣多賀城市），並將陸奧國府[5]從郡山遺跡（宮城縣仙台市）遷至此，作為開拓東北的一個重要據點。隨著日本對蝦夷用兵日烈，多賀柵也被視為進出蝦夷的橋頭堡，而日益重視。

七六二年（天平寶字六年），陸奧按察使[6]藤原朝狩為提升多賀柵的防衛力，遂進行大規模改造，建立土壘等城郭防禦工事，正式升格為多賀城。這時候的日本以平城京[7]為中心，南有大宰府，北有多賀城，多賀城的地位可比大宰府，負責日本的邊防重鎮。

另一邊，蝦夷對於日本在東北地區各處築城以侵占他們的土地大為不滿，反抗之心亦趨激烈。部分蝦夷部落不但舉兵作亂，更甚主動對日本反擊。七七四年（寶龜五年）七月，海道[8]的蝦夷部落首先發難，正式展開長期與日本全面征戰的「三十八年戰爭」。

戰爭初期，日本單憑陸奧駐軍的兵力，勉強鎮壓下來。不過好景不常，七八〇年（寶龜十一年），俘囚[9]首長伊治呰麻呂突然倒戈相向，爆發寶龜之亂，率兵攻陷多賀城大肆搶略物資，最後更一把火燒掉這個日本重鎮後揚長而去！由於伊治呰麻呂在俘囚間擁有很高名望，自此所有俘囚皆不再服從日本，與其他蝦夷部落同一陣線，形成日本與蝦夷的全面戰爭。

當伊治呰麻呂起兵並攻陷多賀城的消息傳到平城京後，日本舉國上下震驚。光仁天皇認為伊治呰麻呂殺害朝廷官員，並焚毀多賀城，罪無可恕。他深知單憑陸奧兵力無法鎮壓，遂先後派員出征，卻始終無法找到伊治呰麻呂的下落。征討軍只好退而求其次，討伐伊佐西古等蝦夷部落首長，奪回並修復多賀城。至於伊治呰麻呂本人，從此在歷史上消失。不過，征討軍萬萬沒想到的是，討伐伊佐西古卻令日本遇上更大的麻煩。

征夷的重大突破

雖然日本出兵討伐伊佐西古等蝦夷部落首長，但蝦夷在陸奧的勢力依然強盛，這時候蝦夷出了一位出色的部落首長阿弖流為。阿弖流為與伊佐西古同屬膽澤（岩手縣奧州市）的蝦夷部落，阿弖流為取代伊佐西古，在其強勢的領導下，蝦夷不斷壯大，對日本構成很大威脅，因此日本在數年後又再次興師討伐蝦夷。

七八八年（延曆七年）七月，桓武天皇任命紀古佐美為征東大將軍出征蝦夷。不料紀古佐美卻在翌年五月被阿弖流為大敗於巢伏（岩手縣奧州市），是為巢伏之戰。此戰征討軍多達二十五位將領戰死，戰敗溺死者更高達一千零三十六人，為征討軍罕見的大敗仗。紀古佐美除了面對戰敗士氣低落外，還面對兵糧不足的窘境，最終只能解散遠征軍敗師而回。日本因巢伏之戰的大敗，對阿弖流為更感恐懼，至於敗軍之將紀古佐美，則因昔日功績獲赦免其罪。

既然紀古佐美鎩羽而歸，日本也只能另覓將才。經過數年休養生息，日本於七九四年（延曆十三年）再度興師討伐蝦夷。這一次朝廷換了大將軍封號，任命大伴弟麻呂為日本首位征夷大將軍，日後大家所熟知的「征夷大將軍」語源便出自此。此外，朝廷更同時任命四人為副將軍，輔助大伴弟麻呂，其中一人便是日後征夷英雄坂上田村麻呂。這次討伐始於六月，經過四個月的征戰，征討軍「斬首四百五十七人、擄獲一百五十人、獲馬八十五匹、燒村七十五處」等豐碩成果。只可惜缺乏史料記載，不知道大伴弟麻呂曾否跟阿弖流為交手。翌年一月，大伴弟麻呂等人凱旋回京。

而此戰作為副將軍的坂上田村麻呂，因表現出眾，於七九六年（延曆十五年）一月，被提拔為陸奧出羽按察使，管治陸奧。翌年十一月五日，桓武天皇正式授命坂上田村麻呂為第二代征夷大將軍，另外還全權負責東北地方的行政及軍事指揮。這一次坂上田村麻呂為殲滅宿敵阿弖流為，戰前籌備長達三年多的時間，八〇一年（延曆二十年）二月十四日，桓武天皇宣布再次遠征蝦夷，坂上田村麻呂以征夷大將軍身分接過節刀，正式率兵離開平安京[10]展開討伐任務。這次坂上田村麻呂所攜帶的兵力多達四萬人，其軍勢非昔日征夷可比。雖然這一次征討同樣缺乏史料，但從日後歷史發展來看，坂上田村麻呂不但重創阿弖流為，更深入陸奧深處，占領阿弖流為的根據地膽澤。同年十月，坂上田村麻呂凱旋歸京。

坂上田村麻呂大破蝦夷，將勢力由多賀城北上伸延至膽澤一帶。坂上田村麻呂認為，多賀城距離膽澤遙遠，不利管治，遂另建膽澤城作為新前線基地，以鞏固對當地的統治，甚至進一步「開疆拓土」。八〇二年（延曆二十一年）一月，坂上田村麻呂正式興建膽澤城作為新鎮守府[11]。至於多賀城，則卸下前線基地兼鎮守府的角色，保留作為當地首府的重任，成為陸奧的中轉補給站，以支援前線的膽澤城。

另一邊，阿弖流為自知大勢已去，無力抵擋日本入侵，遂聯同另一位蝦夷首長盤具公母禮，於四月率眾向坂上田村麻呂投降。在坂上田村麻呂的陪同下，阿弖流為及盤具公母禮等人於七月上京稱臣。朝廷的公卿們聽聞蝦夷最大敵人阿弖流為投降大為驚喜，遂聯合上表祝賀桓武天皇平定蝦夷。

不過開心過後，現實的問題來了，究竟怎樣處置阿弖流為及盤具公母禮呢？雖然坂上田村麻呂英雄惜英雄，主張讓兩人回歸故鄉治理當地。不過在公卿們的眼中，卻認為將野蠻的蝦夷人「放虎歸山，必留後患」。可憐的阿弖流為及盤具公母禮萬萬沒料到，自己率眾歸降上京，卻換來日本「殺降」下場！最終桓武天皇下令，以兩人為

1
2

1｜多賀城作為抵抗東北蠻夷的重要城郭，圖為多賀城政廳正殿跡。

2｜位於JR國府多賀城站旁的多賀城館前遺跡。

陸奧賊首為由，八月十三日於河內的椙山[12]斬首。

此後，朝廷不再任命征夷大將軍一職。日本在平定阿弖流為後，征伐蝦夷使沉寂數年，直到八一一年（弘仁二年）四月，起用陸奧按察使文室綿麻呂，任命為征夷將軍再次出征。至於蝦夷方面，自阿弖流為投降日本後，蝦夷勢力一蹶不振，已無力向日本反抗。文室綿麻呂這次勢如破竹，討伐軍更抵達本州北端[13]，多年開疆拓土討伐蝦夷的遠征，終於告一段落。自此日本再無遠征，東北地區亦無大規模衝突，直到西元十一世紀的「前九年之役」……。

在蝦夷擁有很高名望的阿弖流為歸降，代表著日本於征夷事業上獲得重大突破，坂上田村麻呂自是功不可沒，亦令征夷大將軍成為後世尊崇「金漆招牌」。坂上田村麻呂頂著征夷大將軍這個頭銜，自此受後世所景仰。日後源賴朝開創日本首個武家政權鎌倉幕府[14]，朝廷特意向源賴朝贈予昔日坂上田村麻呂使用過的「征夷大將軍」封號，作為武家權力頂端象徵，寓意如坂上田村麻呂一樣，建立不朽功業以留名萬世。

日本在征服蝦夷後有所強化，但在歷史長河上等待著它的，卻是戰火烽起的中世紀。經歷源平合戰、源賴朝開創鎌倉幕府、北条義時掌權，日本的政治實權早已落入鎌倉幕府手中。但鎌倉幕府在經歷百年統治後，政權亦早已腐敗。一三三一年（元弘元年），意圖恢復天皇實權的後醍醐天皇，興起了打倒鎌倉幕府的念頭。

源賴朝與鎌倉幕府

一般都認為，源賴朝為鞏固東國武士棟樑的地位，曾要求下賜征夷大將軍一職，不過這說法近年已被修正。根據《三槐荒涼拔書要》收錄的《山槐記》所載，一一九二年（建久三年）七月，朝廷曾就源賴朝的新封號召開會議。當時源賴朝希望獲得「大將軍」封號，朝廷於是在「惣官」、「征東大將軍」、「征夷大將軍」及「上將軍」這四個候補方案中揀一贈予源賴朝。當時認為，平宗盛曾任惣官，而源義仲曾任征東大將軍，兩人最後皆不得善終，故視為不吉利；至於上將軍這個名號因沒有先例可循，而遭忽視；最後的征夷大將軍正如前述，因坂上田村麻呂的偉大功績被視為吉利象徵，最終將「征夷大將軍」封號賜予源賴朝。

另有一種說法是源賴朝對「大將軍」名號的追求，源於先祖源賴義曾任職鎮守府將軍。源賴朝作為源平爭霸最後勝利者，以源賴義後繼者自誇，為建立自身地位，渴望超越先祖的軍銜，遂希望獲得大將軍封號。「征夷」雖然成為了附屬品，不過按其先祖淵源，亦很符合源賴朝的身分。

1 令制國之一，現今福島縣、宮城縣、岩手縣及青森縣。
2 令制國之一，現今山形縣及秋田縣。
3 不同時代有不同的定義畫分。
4 同上。
5 當地執行政務首府。
6 地區行政最高負責人。
7 當時日本首都，現今奈良縣奈良市。
8 北上川下流至沿岸一帶，現今宮城縣石卷市。
9 歸順日本的蝦夷部落之統稱。
10 七九四年（延曆十三年）日本首都由平城京遷至平安京，為現今的京都府京都市。
11 當地駐軍首府，負責指揮軍務。
12 《日本紀略》原文佚字，亦有杜山及植山說法，皆指現今大阪府枚方市。
13 《日本後紀》。
14 鎌倉幕府從一一九二年至一三三三年間執掌政權，天皇的統治權力從此被架空。

政庁復元模型
縮尺 1/200
Model Reconstruction of the Government Office
政厅复原模型 / 政廳復原模型
정청 복원모형
4
この模型は第Ⅱ期（8世紀後半）の姿を推定復元したものです。主要な建物である正殿、東・西脇殿、南門のほかに、東・西楼と後殿が新たに建てられ、広場は石敷きになります。南門の左右には翼廊が付き、築地塀には東・西殿や北殿などの装飾的な建物が付け加えられます。
This model shows a reconstruction of the government office that served as the central administrative facility for Tagajo Castle during the latter 8th century
此模型复原了 8 世纪后半叶的多贺城核心建筑“政厅”
此模型復原了 8 世紀後半葉的多賀城核心建築“政廳”

5 | 3 / 4

3｜多賀城政廳跡。
4｜多賀城政廳模型。
5｜紀念建造多賀城的石碑，印證多賀城歷史，石碑存放於圖中小屋內。

千早城

倒幕與尊王之始

源賴朝開創鎌倉幕府，從天皇手中奪去實權，真正做到「挾天子以令諸侯」。即使後來北条義時掌權，情況亦沒有改變。直到後醍醐天皇即位，希望恢復天皇實權，前後於一三二四年（正中元年）及一三三一年（元弘元年）兩次策畫倒幕。不料，第二次倒幕依舊走漏風聲，後醍醐天皇只好抱著三神器[1]逃離京都，於笠置山（京都府笠置町）舉兵，號召各方討伐鎌倉幕府，史稱「元弘之亂」。

就在後醍醐天皇起兵之時，被後世譽為尊王名將的楠木正成，在河內的赤坂城（大阪府千早赤阪村）舉兵響應。此時鎌倉幕府的實際掌權者、前執權[2]北条高時，在平定笠置山亂事、逮捕後醍醐天皇後，於九月命令大佛貞直等人率領二十萬大軍，包圍下赤坂城，討伐只有五百兵力的楠木正成。日本古典文學《太平記》即記載了這次的戰況。

五百人對二十萬人的懸殊戰

楠木正成早料到鎌倉幕府軍來犯，於是在赤坂城前方另建造下赤坂城（大阪府千早赤阪村）作為前線，本城則改稱為上赤坂城。鎌倉幕府軍包圍下赤坂城後，恃著兵多輕敵，疏於防範，結果被楠木正成偷襲得手。被激怒的鎌倉幕府軍遂對下赤坂城展開攻勢。此時城內沒有動靜，士兵們為了立功，爭先越過外壕爬上城牆。不料下赤坂城採雙重城牆設計，外城牆只是幌子。楠木正成一聲令下，斬斷鞏固外城牆的繩子，外城牆迅即往外傾倒，連同攀爬的敵軍一起跌落外壕。正所謂「棒打落水狗」，此時城內紛紛拋下大木巨石，狙擊外壕的鎌倉幕府軍，導致鎌倉幕府軍走避不及，傷亡慘重。單是這天，鎌倉幕府軍便戰死七百人，已多過城內人數總和。

既然硬攻不成，鎌倉幕府軍便改變策略，進行只圍不攻的長期抗戰。由於下赤坂城是臨時搭建的，城內糧食只夠維持二十多天，這次輪到楠木正成頭疼了。知道無法長守的楠木正成，突然在十月某夜晚燒毀下赤坂城。鎌倉幕府軍入城後，只見城內有個大穴，其中發現二、三十具焦屍。鎌倉幕府軍相信這是楠木正成受不了壓力自盡，於是解散大軍回去。

不過，此舉其實是「金蟬脫殼」之計，楠木正成早已棄城逃去。正所謂「留得青山在，哪怕沒柴燒」，楠木正成雖然丟失下赤坂城，卻沒有丟失勤王之心。在附近金剛山（奈良縣御所市）潛伏多時後，於一三三二年（元弘二年）四月奪回下赤坂城。

楠木正成奪回下赤坂城後，在上赤坂城後山的更高處興建千早城（大阪府千早赤阪村），組成以上下赤坂雙城為前線的三城聯防。即使後醍醐天皇被流放至隱岐島（島根縣隱岐之島），楠木正成仍然堅持倒幕，以千早城為中心侵略河內、和泉[3]等地。楠木正成的挑釁果然引起北条高時大怒，北条高時在九月宣布出兵討伐楠木正成。此戰鎌倉幕府志在必得，不但北条一族精銳盡出，更動員近乎全國兵力，號稱兩百萬大軍。鎌倉幕府經過數月的準備後，終在一三三三年（元弘三年）一月末，向赤坂進發。

二月二日，鎌倉幕府軍首先攻擊上赤坂城，然而守將平野將監十分善戰。鎌倉幕府軍眼見強攻不成，於是採取截斷城內水源的「軟攻」。此舉果然奏效，城內水源旋即耗盡，鎌倉幕府軍以保存領地及性命為條件誘降，平野將監遂於二月二十七日開城投降。不料鎌倉幕府軍出爾反爾，在京都六條河原斬首平野將監及眾多城兵。千早城聽聞平野將監的下場後，無不氣憤難平，加強他們寧死不降的決心。

♜一千人對兩百萬人的超懸殊戰

號稱兩百萬人的鎌倉幕府軍攻陷上赤坂城後，立即包圍只有千人防守的千早城。鎌倉幕府軍似乎沒有汲取昔日教訓，仗著兵多及攻占上赤坂城的氣勢，直接往山上強攻，結果被城櫓的飛箭巨石所襲，谷底屍體堆積如山。

鎌倉幕府軍見強攻失敗，再度重施故技，複製上赤坂城的斷水之計，並派遣名越時見率兵守護水源，防止城兵出來取水。不過楠木正成經歷上次的教訓，早已學乖，準備長期抗戰。除了準備充足的糧食外，還利用三百棵大木挖空成木船以儲水，導致鎌倉幕府軍的斷水之計失敗。至於負責守護水源的名越時見，初時還連夜提防，日子一久見楠木正成毫無動靜，便鬆懈起來。楠木正成見機不可失，趁天亮前突襲，不但趕跑了名越時見，還將名越軍軍旗等戰利品拿回去，向山下的鎌倉幕府軍炫耀展示。

鎌倉幕府軍中的名越一族，看到自家旗幟在敵城飄揚，有感家族面子淪為笑柄，於是擅自出兵突擊千早城，結果中了楠木正成的激將法。千早城城兵紛紛射箭拋下大木，名越軍死傷大半，以慘敗告終。鎌倉幕府軍眼見強攻千早城連番受創，只好又打長期抗戰，僅包圍，不攻城。此時鎌倉幕府軍邀請連歌師來陣中舉辦連歌會，士兵則飲茶玩棋打發時間。

戰事開始陷入長期戰，楠木正成為了提振城內士氣，於是又策畫新計謀。楠木正成製作稻草人，穿上甲冑、拿著弓槍，入夜後將稻草人放置在城外山麓，後方潛伏士兵。黎明時，城內突然傳出起哄聲，鎌倉幕府軍誤以為楠木正成發動突襲，隱約看到山麓有士兵，於是便向山麓進攻。原在山麓潛伏的士兵，邊射箭邊退回城內。當鎌倉幕府軍爬到山麓發現「士兵」為稻草人時，方知中計，但已經太遲！此時城內又往山麓投擲大石，造成八百人死傷。

歷經三次失利後，鎌倉幕府軍戰意更低，不但停止對千早城的攻勢，更從他處召喚遊女來軍中娛樂。北条高時眼見軍心渙散，只好在三月四日派人督促激勵士氣。

鎌倉幕府軍被上頭一逼，幾經商議心生一計，打算在附近山頭興建木橋直通千早城，大大減低在山下被狙擊的風險。鎌倉幕府軍於是從京都找來築橋工人，建造一條長達三百公尺的木橋。

正所謂「你有張良計，我有過牆梯」，楠木正成得知鎌倉幕府軍要建造木橋，卻紋風不動。鎌倉幕府軍以為得逞，率領大軍從木橋直攻千早城。當敵方先遣部隊越過木橋來到城下時，楠木正成向敵兵及木橋潑油，並投下火把。先遣部隊恐被火燒，逃回木橋，與後方部隊擠在一起，最終燃燒的木橋不勝負荷，數千敵軍連人帶橋，一併墜落谷底深淵。

鎌倉幕府軍再次受挫，士氣嚴重低落，又無計可施，只好繼續圍城。在鎌倉幕府軍外圍，不少當地野伏[4]支援楠木正成，切斷鎌倉幕府軍的補給路線，令鎌倉幕府軍在兵糧匱乏之下開始出現逃亡潮。

鎌倉幕府軍的真實數目

《太平記》記載的鎌倉幕府軍數目，顯然有「灌水」了不少，用以襯托楠木正成的成就。根據歷史學者新井孝重的考察推算，鎌倉幕府軍的真實數目，大約只有兩萬五千人。

倒幕風潮勢不可擋

楠木正成三番兩次在千早城擊退鎌倉幕府軍一事，不但廣傳天下，更激發其他勤王者出來打倒鎌倉幕府的決心。首先是名和長年在閏二月二十四日從隱岐島救出後醍醐天皇，後醍醐天皇號召全國倒幕，各地紛紛響應。而後隨著全國局勢惡化，包圍千早城的各地領主，也紛紛回國平亂。

鎌倉幕府萬沒料到這股倒幕風潮竟一呼百應，勢不可擋。連原本臣屬於鎌倉幕府、日後室町幕府的始創者足利高氏，也眼見形勢不對，在後醍醐天皇拉攏下陣前倒戈。足利高氏率領一眾倒幕軍，趁鎌倉幕府大軍被釘在千早城外、京都防備薄弱之際，於五月七日攻入京都，消滅六波羅探題[5]。翌日在千早城外的鎌倉幕府軍，驚聞京都六波羅已被攻陷，在軍心渙散的情況下，諸將擔心外圍野伏越來越多，越遲撤退則越危險，遂決意放棄千早城撤退。

五月十日早上，兵力只餘下約十萬的鎌倉幕府軍，匆忙往奈良方向撤退。由於撤退倉卒引起混亂，諸將爭先逃亡，士兵們互相踐踏，或跌落山谷、或被野伏偷襲而死。包圍長達約百日的千早城之戰，正式告一段落，楠木正成獲得最終勝利，從此奠下「軍神」這美譽流芳百世。

1
2
3

1｜千早城二丸千早神社，原先為祭祀八幡大菩薩而建，後合祀供奉楠木正成、楠木正行父子。

2｜千早城正門入口石柱，刻有明人朱舜水的楠木正成贊文其中兩句「審強弱之勢於幾先，決成敗之機於呼吸」。

3｜千早城山路曲折，利於防守。

5 | 4

4｜後人為紀念楠木正成功績，在1898年（明治31年）於千早城內建立「楠公之功與此山高」石碑。

5｜位於千早城二丸的千早城碑。

奇蹟引發更大的奇蹟

故事到此還未完結，楠木正成死守千早城一事，不久之後引發了更大的影響！北条高時當初心想，集全國兵力討伐千早城應該很快落幕，不料竟打起了長期戰，為維持龐大軍費而頭痛不已，遂向各地領主徵收。當中，鎌倉幕府要求上野[6]的新田義貞於五日內籌集軍費。鎌倉幕府對新田義貞的壓逼，猶如壓倒駱駝的最後一根稻草，新田義貞在無法籌滿軍費的情況下，只能被逼上梁山，殺死前來索錢的徵稅使。五月八日，新田義貞舉兵起義，隨即劍指鎌倉幕府的根據地鎌倉。由於幕府大軍仍在千早城外，因此鎌倉兵力薄弱。五月二十二日，新田義貞攻入鎌倉，北条高時等北条一族戰敗自盡，鎌倉幕府滅亡。距離千早城之戰完結，只不過是十二天的事而已。

1 天皇世代流傳的三種寶物，分別為：八咫鏡、天叢雲劍及八尺瓊勾玉，被視為天皇正統的象徵。

2 原為朝廷體系內輔佐政所的官職，鎌倉幕府內負責輔助征夷大將軍處理政務，為鎌倉幕府中最高官職，後來成為鎌倉幕府政權的實際掌權者。

3 河內及和泉都是令制國，河內指現今大阪府東部；和泉指現今大阪府西南部。

4 泛指那些搶劫落敗武士的民眾、沒有主人的武士及賊匪。

5 鎌倉幕府駐京都代表，負責管理京都政務並監視天皇及朝廷的重要職位。

6 令制國之一，現今群馬縣。

足利氏館

連傳教士也仰慕的中世最高學府

楠木正成將鎌倉幕府大軍釘死在千早城外，此舉讓足利高氏（尊氏）撿到便宜，趁著京都守軍薄弱，一舉消滅六波羅探題。足利高氏則在經歷多場大戰後，正式取代鎌倉幕府，開創室町幕府。不過，與建立室町幕府相較，被中世紀來日的傳教士讚賞為最高學府的「足利學校」，則是其更偉大的使命。

有關足利學校的創建年代眾說紛紜，最早可追溯至八世紀的前身下野國學，至於較為廣傳的說法，則是十二世紀末由足利高氏先祖足利義兼在自宅附近興建。不過當時戰事不斷，足利學校在缺乏管理下，亦逐漸荒蕪起來……這時候，救星出現了！他就是足利學校的中興之祖：關東管領[1]上杉憲實。

上杉憲實尊崇儒學，成為足利的領主後，對足利學校被荒廢感到唏噓，決意為重振足利學校努力，更將自家珍藏的儒家典籍無償贈予學校。一四三二年（永享四年）[2]，上杉憲實邀請鎌倉（神奈川縣鎌倉市）圓覺寺僧侶快元，出任首位「能化」[3]一職，此後各代能化皆來自全國各地。

♜ 連傳教士也盛讚的教育學院

足利學校的招生對象沒有制限，北至奧羽，南至琉球，只要一心想學習儒學的人

1｜足利學校本堂。

皆歡迎。雖然學費全免，不過學生入讀之時必須成為僧侶。學校宿舍有限，大部分學生必須寄宿附近民家。學校空地除設有菜園供師生自給自足外，亦設有藥草園種植藥草。學校本身設有寺院，本堂放置千手觀音像，另設孔子廟供奉孔子，更有說是日本最古老的孔子廟。

足利學校可說是當時最高的教育學府，雖然無論師生都是僧侶，不過學校教授的是四書、五經、《史記》、《文選》等中國古籍，內容與佛學無關。至於佛教經典，則交由附近的寺院講授。此外身為能化的快元，不只深諳《易經》，更精通易學，結果不少學生為此慕名而來。其後足利學校更開設兵學及醫學等科目，在室町時代[4]中期漸漸繁盛起來。

踏入戰國時代[5]，足利學校的學生因懂兵學、易學等等，獲得戰國大名的垂青，名氣也越來越大，連當時著名的基督教傳教士沙勿略（San Francisco Xavire，或譯夏維爾）及佛洛伊斯（Luis Fróis），也盛讚足利學校為日本規模最大的教育學院。沙勿略譽稱為「坂東之大學」；佛洛伊斯則稱為日本全國唯一大學。相對遙遠的關東地區，也許沙勿略及佛洛伊斯都是道聽塗說，並非親身經歷。此事不過是能證明足利學校的名聲連外國人也知道了。

雖然足利學校曾在享祿年間（一五二八—一五三二年）因火災一度式微，但在第七任能化九華的努力下，藉著北条氏政保護，不只得以復興，更多達三千名學生就讀，這空前盛況可說是足利學校最高峰。不過，當北条氏直向豐臣秀吉投降後，足利學校也隨著最大支援者消失而陷入危機。足利學校在失去庇護下，部分古籍被豐臣秀次拿走。幸而當時第九任能化三要，成為關東[6]新領主德川家康的近侍而受到信任，結果在德川家康的保護下，足利學校總算得以延續下去。

踏入江戶時代，足利學校獲一百石領地維持生計，每年年初更會為江戶幕府占卜「年筮」，預測該年吉凶。雖然足利藩不斷易手，但對足利學校並未造成影響。足利學校本身的傳統及名聲吸引了來自全國的學生就讀，令足利學校足以繁盛。

不過，在江戶時代中後期，隨著從京都傳入關東的朱子學興起及官學化，堅持以傳統儒學為主的足利學校，被批評古老守舊。在招生越來越艱難的情況下，足利學校走向衰落。江戶學者已不再視足利學校為最高學府，而是一個單純收藏大量貴重古籍的珍貴圖書館而已……。

進入明治時代後，足利藩曾試圖將足利學校作為藩校復興，不過隨著明治政府廢藩置縣，足利學校在一八七二年（明治五年）難逃被廢校命運。面對足利學校藏書散逸危機，在當地有識之士發起保護運動下，不只足利學校藏書得以保留，連校內的孔子廟亦逃過一劫。一九二一年（大正十年），足利學校遺址連同校門及孔子廟被列為

孔子坐像

上杉憲實公顯彰碑

4	2
5	3

2｜足利學校內孔子像。

3｜為紀念復興足利學校的上杉憲實，後人在校內特設上杉憲實公顯彰碑。

4｜足利義兼在自邸足利氏館內興建佛堂，後成為國寶鑁阿寺與足利氏館跡融為一體。

5｜位於足利氏館旁的足利學校。

國家史蹟保存至今；二〇一五年（平成二十七年）日本遺產審查委員會，將足利學校視為「近世日本教育遺產群——學習心・禮節之本源——」之一，列入日本遺產。

足利學校作為日本中世最高學府，作育不少英才。足利高氏自建立室町幕府成為首任將軍後，第三代將軍足利義滿時期可謂室町幕府的頂峰。之後室町幕府受到連串內憂外患影響，第八代將軍足利義政更不問政事沉迷享樂，最終因繼承權等問題，迎來應仁之亂，踏入更兇險的戰國時代。

1 室町幕府設置輔助鎌倉公方的重要役職。
2 一說一四三九年（永享十一年）。
3 佛教用語，原指僧侶中負責教育學問的長老，這裡指校長，江戶時代稱為「庠主」。
4 一三三六—一五七三年。
5 一般認為是一四六七—一五九〇年。
6 指江戶時代關東地區，現今茨城縣、栃木縣、群馬縣、埼玉縣、千葉縣、東京都及神奈川縣。

興國寺城

由零開始「下剋上」掀戰國亂世

自應仁之亂後，日本步入戰國時代，日本城郭發展亦如雨後春筍般盛開。戰國時代是一個「下剋上」時代，有能者往往取代上位者。其中最為轟動的「下剋上」代表，要屬北条五代之祖北条早雲莫屬。究竟這位「下剋上」的先驅，如何從無到有，繼而展開其關東[1]霸業呢？

北条早雲原名伊勢盛時，綜其一生都是以伊勢氏自稱，曾改名伊勢新九郎及伊勢宗瑞，卻從未換姓。伊勢盛時死後，其嫡子伊勢氏綱才改姓北条，並以北条早雲尊稱其父，從此，北条早雲這名字便廣泛流傳。

從一封求救信開始

一般都認為，伊勢盛時是從無名浪人[2]發跡成為戰國大名[3]，成為「下剋上」的典範，不過此說法近年隨著史料發掘已經被否定。伊勢盛時出生於備中的荏原莊（岡山縣井原市），其舅父為京都政所執事[4]伊勢貞親。在伊勢貞親推舉下，曾仕於室町幕府將軍繼任人足利義視，由此可以知道他的身分地位並不低。話雖如此，卻無損其「下剋上」的代表性。

應仁之亂後期的一四七六年（文明八年），一封從駿河[5]寄來的求救信，大大改變伊勢盛時的一生，寫這封信的人不是別人，而是其姊北川殿。北川殿的丈夫駿河守護[6]今川義忠，四月在遠征遠江[7]回程途中，不幸遇襲喪命。當時今川義忠嫡男今川龍王丸年僅六歲，引起了今川龍王丸的叔父小鹿範滿想「謀朝篡位」。在這個講求實力的年代，今川家不少家臣擔憂今川龍王丸年幼，無法帶領今川家壯大，故紛紛擁戴小鹿範滿。小鹿範滿眼見追隨者眾，遂乘勢挑起爭端奪位。

小鹿範滿之所以能推行這場家族內鬥，背後是有人幫忙的，這個幕後黑手就是堀越公方足利政知，以及其家臣關東執事上杉政憲。今川龍王丸勢孤力弱，家督之位危在旦夕，北川殿為免母子受害，一方面果斷地帶著今川龍王丸逃離，投靠小川城城主長谷川正宣；另一方面尋求娘家伊勢盛時出手幫忙調停。

此時伊勢盛時仕於第九代將軍足利義尚，在接過姊姊北川殿的信後，決意幫助她，於是向足利義尚提出介入調停今川家家督爭端。在得到足利義尚應允後，伊勢盛時正式受室町幕府命令，處理今川家糾紛。當伊勢盛時來到駿河的時候，今川龍王丸的形勢已經相當惡劣，小鹿範滿分別獲得足利政知及扇谷上杉定正出兵支援抵達國境，內戰隨時爆發。在形勢比人弱的情況下，伊勢盛時只好利用室町幕府權威調停糾紛，最終定調為小鹿範滿代任家督暫掌今川家，待今川龍王丸在十五歲成人後再交還家督一職。今川龍王丸及小鹿範滿雙方同意這個決定後，小鹿範滿援軍亦分別退兵。

此後，北川殿及今川龍王丸遷居到丸子城，小鹿範滿則以勝利者姿態入主今川館（靜岡縣靜岡市），伊勢盛時則返回京都繼續述職。當然，事情並沒有這麼單純，伊勢盛時為防範小鹿範滿推翻承諾，遂於一四七九年（文明十一年）得到前任將軍足利義政的認可，准許今川龍王丸繼承今川家家督。一四八七年（文明十九年），今川龍王丸已年屆十五歲，按照約定，小鹿範滿必須要退位；但小鹿範滿棧戀權力，拒絕讓位。當時孩童的存活率不高，小鹿範滿也許認為今川龍王丸活不到成年，到時候便能順利「扶正」，所以才同意協議。豈料今川龍王丸健康成長，令小鹿範滿的美夢破滅。小鹿範滿撕破臉，北川殿不得不再次尋求伊勢盛時協助，今川龍王丸也順勢打著今川家家督旗號宣告獨立，並號召領內各城主共同對付小鹿範滿，駿河內戰隨時一觸即發。

再次揮軍東下

在足利義尚的同意下，伊勢盛時遂再次東下駿河。正所謂「風水輪流轉」，這次的小鹿範滿已經風光不再，上杉定正不再支持他；足利政知為了討好中央，更倒戈支持今川龍王丸。既然形勢比人強，這次伊勢盛時不再與小鹿範滿客氣，在駿河召集同志後，十一月於石脇城（靜岡縣燒津市）舉兵，突襲今川館將小鹿範滿殺個措手不及，最後小鹿範滿兵敗自盡。

伊勢盛時打倒小鹿範滿後，便恭迎今川龍王丸回到今川館成為新家督，日後行元服禮，命名今川氏親。今川氏親在伊勢盛時的擁戴下繼位，自然懂得感恩圖報，遂將鄰近伊豆[8]國境的興國寺城（靜岡縣沼津市）等地賜予伊勢盛時。伊勢盛時日後遂以興國寺城為開端，展開其「北条五代稱霸關東」之路。初期，伊勢盛時回到京都繼續出任足利義尚的奉公眾[9]，不過當伊勢盛時在京都生活四年後，一四九一年（延德三年），關東發生一件大事，讓伊勢盛時再次東下駿河。

堀越公方嫡子復仇記

足利政知誕下次子後，足利義政按照將軍家慣例，為免堀越公方兄弟爭權內鬨，遂要求足利政知次子擔任京都天龍寺香嚴院後繼人。一四八七年（文明十九

伊勢盛時的真正領地

雖然根據《今川記》、《北条記》等記載，伊勢盛時獲賜興國寺城並以此為根據地入侵伊豆。不過綜觀其他同期史料，卻不見伊勢盛時以興國寺城為居城的紀錄，因此有部分史學家質疑其可信性，而伊勢盛時在駿河的居城亦有善得寺城或石脇城等不同說法。話雖如此，由於沒有其他確切的證據，證明伊勢盛時曾以其他城池為根據地，因此伊勢盛時以興國寺城為根據地這個通說，仍然廣為接受。

年）六月，足利政知次子上洛[10]剃度出家，法名清晃。

不料足利義尚在一四八九年（長享三年）病逝，足利義尚無後，清晃遂成為下任將軍候選人之一。此事大大刺激起足利政知的野心，與前管領[11]細川政元等人合謀，試圖擁戴清晃繼位。雖然將軍之職最後由足利義材勝出，此事卻為日後連串事件埋下伏軍。足利政知於一四九一年（延德三年）四月病逝，他一死後，堀越公方亂事便開始了。

足利政知生前廢除品行不佳的嫡子足利茶茶丸，將其囚禁於土牢中，改立三男足利潤童子為儲[12]。不過足利政知並未殺死足利茶茶丸就先行離世，顯然鑄成大錯。同年七月，足利茶茶丸殺死獄卒，成功脫獄，滿腔怒火的他，自然是找剛繼任堀越公方的足利潤童子及其母圓滿院「算帳」，以奪回他認為「應得的東西」。結果足利茶茶丸殺害兩人，篡奪堀越公方之位。

有說伊勢盛時早已對京都政治腐敗感到灰心，打算回到興國寺城闖出新天地，正好伊豆的堀越公方出現亂局，伊勢盛時於是在同年回到興國寺城進行戒備，從此不再踏足京都。不過，從近年歷史研究發現，伊勢盛時回到興國寺城，仍然與室町幕府保持聯繫，以進行日後「震驚關東」之舉……。

1
2

1｜今川氏親的今川館早已不存在，其推斷遺址為現今駿府城，圖為駿府城東御門。

2｜興國寺城跡本丸，內有紀念北条早雲碑。

踏出「下剋上」第一步

就在伊勢盛時回到駿河兩年後，足利政知當年的夙願竟然實現了。一四九三年（明應二年）四月二十三日，細川政元發動政變，廢黜第十代將軍足利義材擁立清晃，史稱「明應之變」。清晃還俗即位改名足利義遐[13]，其即位後首要工作，便是為其弟足利潤童子報仇，討伐兄長足利茶茶丸！

足利義遐即位後改名足利義澄，但他才剛即位，既不便出征，亦無力出征，於是想到指派足利茶茶丸周邊的大名對付他。足利義澄想起身處駿河的伊勢盛時，認為曾是室町幕府奉公眾的他能信任，於是下令伊勢盛時討伐足利茶茶丸。伊勢盛時雖然成為興國寺城城主，但面對擁有伊豆一國的足利茶茶丸，雙方實力顯然有所差距，大有蛇吞象之感。面對這個燙手山芋，伊勢盛時卻欣然接受，因

伊勢盛時長留東國是為了避債？

伊勢盛時自一四九一年（延德三年）東下駿河後，便捨棄室町幕府官職，不再回到京都。從結果論，當然是為了消滅堀越公方，但實情是否如此呢？當時流傳著一個說法，伊勢盛時其實一直深受借貸問題困擾，一四八一年（文明十三年），伊勢盛時曾向細川家家臣借錢但無力償還，翌年更因此被對方提出訴訟。這單官司結果如何不得而知，但由此可見伊勢盛時確是欠人家一屁股債，不排除伊勢盛時是借機逃回駿河避債的可能。

為這正好給了他一個擴張領地的最佳理由。

伊勢盛時在出兵討伐足利茶茶丸之前，為彌補雙方差距，做足了事前的準備工夫。足利茶茶丸雖貴為堀越公方，卻人心離背，不但對百姓施行苛政，更聽信讒言殺害重臣，伊豆國內一片混亂，只是「外強中乾」的大名而已，因此伊勢盛時很容易便得到部分伊豆豪族的支持。鑑於兵力不足，伊勢盛時於是向名義上的主子今川氏親借兵，今川氏親昔日受伊勢盛時之恩，於是無償出借，兩人亦自此成為忠實盟友。

根據後世軍紀物所載，伊勢盛時為進攻伊豆，藉著泡溫泉為由走訪伊豆調查風土人情。在得知足利茶茶丸出兵上野支援盟友後，遂先發制人，趁伊豆兵力薄弱時乘虛而入。同年十月，伊勢盛時率兵五百名，乘船從清水港（靜岡縣靜岡市）出發。大軍越過駿河灣，來到伊豆西部海岸登陸。當地住民以為海賊來掠奪，紛紛往山上逃命，伊勢盛時乘勢一舉突襲足利茶茶丸的根據地堀越御所（靜岡縣伊豆之國市）。

足利茶茶丸千算萬算，也算不到其異母弟足利義澄竟當上將軍之位，更想不到足利義澄找人出兵報仇。足利茶茶丸驚聞受襲，只好倉惶往山中逃命。伊勢盛時突襲殲滅室町幕府名義上的代理人「堀越公方」，乘勢侵占伊豆，震驚關東。伊勢盛時以一介普通小城主身分擊倒室町幕府代理，雙方地位差距可說為「下剋上」的最大典範，完成戰國史上其中一大創舉。

5 3 4

3｜伊勢盛時獲封興國寺城，從此展開入侵關東之路，圖為興國寺城跡外貌。

4｜位於井原鐵道荏原站旁，伊勢盛時故鄉荏原莊的北条早雲像。

5｜伊勢盛時在京奉公期間，曾到建仁寺學習。

一四九三年（明應二年），先有細川政元廢黜足利義材的「明應之變」；後有伊勢盛時將堀越公方領地「雀巢鳩占」，室町幕府將軍以及其代理人的名望，已消失得盪然無存。此時日本全國局勢可說是最混亂黑暗的時期，故部分史學家遂以此作為戰國時代的開端，正式踏入日本史上最黑暗的戰國時代！

伊勢盛時在消滅堀越公方占領伊豆，開創「下剋上」的典範後，其擴張領土的野心並未停止。此後伊勢盛時將根據地由興國寺城遷至伊豆的韮山城（靜岡縣伊豆之國市），以便進一步染指關東地區，為日後開創北条氏五代近百年關東霸業奠下根基。

足利茶茶丸的後續

一般認為，足利茶茶丸在伊勢盛時突襲堀越御所時，逃往願成就院（靜岡縣伊豆之國市）後自盡。不過根據當時史料記載，足利茶茶丸並沒自殺，而是結合周邊大名豪族，繼續與伊勢盛時對抗。最終足利茶茶丸在一四九八年（明應七年）八月，被伊勢盛時捕獲後被逼自盡，堀越公方正式滅亡。[14]

關於足利茶茶丸之死，存在著兩種說法。一說是足利茶茶丸投靠甲斐[15]守護武田信繩，其後武田信繩與伊勢盛時和談，武田信繩將足利茶茶丸交給伊勢盛時；另一說法是足利茶茶丸投靠伊豆的深根城城主關戶信吉，伊勢盛時趁明應大地震的機會，攻陷深根城捕獲足利茶茶丸。兩種說法都有史學家支持，真相恐怕還需要史學家深入考證。

以小田原城為居城已是第二代的事

一般人談到戰國時代北条氏，就會想到其龐大雄偉的主城小田原城（神奈川縣小田原市）。這座連名將武田信玄、上杉謙信等人都無法攻下的名城，許多人以為北条五代都以此為居城。但事實上，小田原城雖為伊勢盛時所奪，但生前並未以此為居城。伊勢氏綱在伊勢盛時死後，正式改姓北条氏，同時將根據地由韮山城遷至小田原城。

1 指戰國時代關東地區，除現今茨城縣、栃木縣、群馬縣、埼玉縣、千葉縣、東京都及神奈川縣外，還包括山梨縣及靜岡縣東部。

2 沒有主子的武士。

3 戰國時代擁有一定實力的大領主。

4 負責處理室町幕府內，財政領地相關訴訟的長官，擁有很大權力。

5 令制國之一，現今靜岡縣中部。

6 室町幕府役職，具地方上行政及軍事權力。

7 令制國之一，現今靜岡縣西部。

8 令制國之一，現今靜岡縣東部。

9 直屬將軍的室町幕府武官家臣，負責保護將軍的警衛工作。

10 古時日本將京都比喻為中國的洛陽，上洛的意思即是前往京都。

11 負責輔助將軍幕政，地位僅次於征夷大將軍之下。

12 一說是潤童子母親圓滿院向足利政知進讒。

13 元服正式繼任第十一代將軍職位後，才改名足利義澄。

14 此時伊勢盛時已出家改名為伊勢宗端，未免混淆仍用伊勢盛時之名。

15 令制國之一，現今山梨縣。

二条城

擦槍走火促成戰國最惡「下剋上」弒君

伊勢宗瑞消滅堀越公方，開創「下剋上」戰國時代的高峰。戰國大名的興盛，代表著傳統守護大名的沒落，而其主君室町幕府，更是衰落中的佼佼者。自應仁之亂後，室町幕府權威一落千丈，將軍不斷被廢黜及驅趕，直到第十三代將軍足利義輝繼位，其重振室町幕府權威的決心，有望令室町幕府走出低谷。不料卻發生了戰國最惡「下剋上」事件，令室町幕府面臨最大危機。

足利義輝原名足利義藤，是第十二代將軍足利義晴的長子。此時的室町幕府早已是風中殘燭，苟延殘喘，近畿的主要戰國大名，紛紛欲擁立將軍，以「挾將軍掌京畿」[1]，因此足利義晴先後依附過多位不同的大名。由於京都控制權多番易手，足利義晴父子過著顛沛流離的生活。

一五四六年（天文十五年）十二月，足利義藤年僅十一歲便舉行元服禮成為成人。足利義晴體弱多病，一早便有禪讓將軍職位之意，當足利義藤完成元服服後翌日，足利義晴便退位，讓足利義藤當上第十三代將軍。

足利義藤當上將軍後，室町幕府的情況仍然沒有好轉，直到三好長慶排除周邊勢力，逐漸掌控京畿而明朗起來。此時足利義藤已改名為足利義輝，為避開戰亂早已逃離京都。一五五八年（永祿元年）十一月，足利義輝在六角義賢仲介下，與三好長慶和議。三好長慶同意擁戴足利義輝並加入室町幕府，足利義輝則闊別五年後得以再次上洛，於京都重掌室町幕府政權。

三好長慶之死成為轉捩點

京都在三好長慶的保護下恢復穩定，足利義輝也得以重新執政，以圖回復昔日權威。雖然室町幕府在三好長慶的庇蔭下，幕政由其主導，不過三好長慶亦很世故，支持足利義輝對外重振室町幕府聲威。足利義輝於是對全國大名採取懷柔政策，努力維繫與諸大名的關係，例如介入並調停各大名之間的紛爭、重新任命各地守護、賜予家臣及大名偏諱等等。因此自一五五九年（永祿二年）開始，齋藤義龍、織田信長、長尾景虎（上杉謙信）等大名先後上洛謁見足利義輝，室町幕府大有重振聲威之勢。

然而三好長慶的主導幕政，卻引起幕府內傳統派的不滿。一五六二年（永祿五年），政所執事伊勢貞孝與三好長慶反目，足利義輝卻表態支持三好長慶，伊勢貞孝一怒之下起兵反抗，卻被三好長慶出兵消滅。伊勢氏自第三代將軍足利義滿以來，壟斷政所近兩百年時間，歷任將軍亦無可奈何。足利義輝這次乘勢收回政所權力，進一步恢復將軍權威。

不過好景不常的是，作為掌握京畿的「天下人」三好長慶，在征戰多年後心力交瘁，晚年遇上喪子喪弟之痛更見憔悴，終於在一五六四年（永祿七年）七月病逝。三好長慶的死，原本應該是足利義輝藉機進一步收復室町幕府權力的機會，不料卻是室町幕府危機的開始。

足利義輝與三好長慶的關係，雙方都在不越線的情況下各司其職，關係尚算融洽。三好長慶一死，對於作為輔助三好家繼任人三好重存（三好義繼）的三好三人眾[2]，以及重臣松永久秀、松永久通父子來說，足利義輝企圖恢復室町幕府權威，卻成為他們的「眼中釘」。他們可不像三好長慶那麼善心，任足利義輝為所欲為，他們更需要一個能夠操控的傀儡將軍。因此足利義輝的存在，對三好三人眾等人來說是欲除之而後快的障礙。

藉著廢黜將軍掌握室町幕府大權並不是什麼新鮮事，早在一四九三年（明應二年）的「明應之變」，細川政元便曾做過一次。眼見前人有此做法，松永久通及三好三人眾便合謀試圖向朝廷遊說擁戴足利義榮[3]為新將軍。可惜他們不如當年的細川政元般具備龐大的勢力及政治手腕，足利義輝亦不像當年足利義材般不得人心，朝廷當然將他們說的話當耳邊風。

二条御所的建立與三好家的「兵諫」

另一邊，足利義輝得知三好三人眾人等企圖對自己不利，為免雙方翻臉後無險可守，決定興建新城作為居所防守。一五六五年（永祿八年），足利義輝在斯波氏舊居興建二条御所武衛陣（京都府京都市），將軍家與三好家的關係可說急轉直下。

松永久通及三好三人眾眼見廢黜將軍不成，足利義輝又加緊興建二条御所防衛，正不知所措之際，突然想到昔日還有「御所卷」這一招殺著！「御所卷」是指諸大名率兵包圍將軍御所，向將軍申訴其要求。說白一點就是「兵諫」，以武力壓抑將軍家的權力。此事最早可追溯至一三四九年（貞和五年），高師直率兵包圍初代將軍足利尊氏宅邸，要求放逐足利直義等人。松永久通及三好三人眾於是發動一場「兵諫」藉機奪權。

為了出師有名，三好三人眾等人邀請三好義重[4]，以參拜清水寺為名出兵上洛。足利義輝知道三好三人眾等人率兵上洛意圖不利，此時二条御所已大致完成，四周深壕高壘，唯欠最重要的正門。足利義輝沒料到三好三人眾等人竟趕在竣工前來襲。根據佛洛伊斯的《日本史》記載，足利義輝原打算按照昔日做法棄城逃亡，不料被奉公眾阻止。奉公眾認為將軍逃亡將會權威盡失，他們抱著與將軍共存亡的決心勸足利義輝留下，於是足利義輝礙於面子，不情願地留守在二条御所。

五月十九日，松永久通及三好三人眾擁戴三好義重，在京都集結一萬名兵力，突然率兵將二条御所重重包圍，向足利義輝提出「御所卷」訴訟。足利義輝身邊的奉公眾一見三好軍來勢洶湧，立即拔刀對峙戒備。雙方劍拔弩張，大有一觸即發之勢。這時候奉公眾之一的進士晴舍充當和事佬，試圖調停並了解他們訴求。至於三好三人眾等人的訴訟內容，有一說是「清君側」，要求處分足利義輝妻妾及身邊近臣。足利義輝聽罷大怒，毅然回絕他們的訴求。

就在進士晴舍遊走兩軍之際，雙方不知為何竟然失控打了起來，局勢遂一發不可收拾。三好三人眾等人原本只想威逼足利義輝就範，並沒打算殺死他[5]。不過眼見場面失控，只好假戲真做。三好軍在壓倒性的兵力下，輕易地攻入沒有正門的二条御所。進士晴舍萬沒料到前線會「擦槍走火」，眼見抑制

「劍豪將軍」其實不存在？

足利義輝親自參戰殺敵，許多人會聯想到其所謂「劍豪將軍」形象，以為足利義輝劍術了得。不過實情如何呢？有一說認為足利義輝曾向有「劍聖」之譽的上泉信綱學習兵法，不過沒有相關史料能夠佐證。足利義輝倒是曾獲另一位「劍豪」塚原卜傳指導劍術，成為其弟子，不過僅限於此，並沒紀錄證明足利義輝曾獲得鹿島新當流免許皆傳[6]或奧義，因此足利義輝「劍豪將軍」之名基本上可說是後世創作。

1
2

1｜當年足利義昭在興福寺出家，圖為興福寺前紀念登錄世界遺產的石碑。

2｜庶民百姓在真如堂舉行六齋踊，為足利義輝祈求冥福。圖為1693年（元祿6年）搬遷的真如堂現址。

不住雙方衝突，心感有愧職責，遂回到足利義輝面前切腹謝罪。足利義輝自知大勢已去，只好與身邊近臣逐一交杯。喝過訣別酒後，足利義輝便率領約三十人與三好軍死戰。足利義輝親自揮舞薙刀迎戰，其後眼見敵軍勢眾，投擲薙刀轉而持刀與敵人搏鬥。三好軍趁著足利義輝受傷倒下時一湧而上，完上戰國史上最大「下剋上」霸業，足利義輝得年二十九歲，史稱「永祿之變」。

斬草不除根

松永久通及三好三人眾既已鑄成大錯，作風狠辣的他們便乘勢將足利義輝一族趕盡殺絕。首先足利義輝之母慶壽院緊隨兒子，在二条御所放火自盡；足利義輝寵愛的侍妾小侍從局，於四条河原被斬首；至於足利義輝正室近衛氏，則因公卿家身分

被美化的最後之戰

「永祿之變」的交戰情節，並非如後世流傳般精彩，許多情節都是後世加工潤飾。例如足利義輝拿出足利家祖傳名刀，全數插在地板上，一把刀鈍了立即拔出另一把與敵廝殺。此說出現於江戶時代後期《日本外史》，但其他史料卻未見相關記載，後世創作的機會頗高。至於足利義輝戰死一刻，有説是被敵人用槍掃，跌倒於地而被刺殺；或是敵人不敵足利義輝，遂拿起地板疊蓆作盾，從四周同時一擁而上殺害。但這些都不見於當時的史料，亦不排除為後世所作。

逃過大劫，被遣送回近衛家。足利義輝長子早逝無後，兩位僧侶弟弟則命運迥異。老二覺慶雖被松永久通幽禁於興福寺（奈良縣奈良市），卻被細川藤孝等足利義輝遺臣所救逃離奈良；老么周暠卻沒那麼幸運，被松永久通家臣騙出來斬殺。

受世間惋惜的一代將軍

永祿之變後足利義輝的遺臣，除了戰死及逃亡外，紛紛前往三好長逸處示好，這些遺臣日後成為足利義榮的家臣。不久，松永久秀父子與三好三人眾反目交戰，近畿再次被捲入連綿戰火之中。足利義榮在三好三人眾爭取下，終於成為第十四任新將軍。

足利義輝之死震驚全國，三好三人眾

大惡人松永久秀

江戶時代中葉的《常山紀談》提到，織田信長曾批評惡名昭彰的大惡人松永久秀犯下「三惡事」[7]，似乎令松永久秀弒殺足利義輝一事言之鑿鑿。這個說法一直廣泛流傳，讓許多人認為松永久秀親自參與永祿之變，是主謀之一。但實情又是否如此呢？

根據近年歷史學家考證，事實上永祿之變的參與者，是松永久秀長子松永久通。事發當日松永久秀身處大和[8]，無論時間及地點，都沒可能直接參與永祿之變。因此松永久秀可說是多年來背負黑鍋，直至近年史料才為他「平反」。話雖如此，儘管缺乏史料佐證松永久秀有否在背後參與策畫，但也無法排除他默認三好三人眾等人弒殺足利義輝。

4 | 5 | 3

3｜京都鴨川四条河原，足利義輝侍妾小侍從局在此被斬首。

4｜足利義輝所建的武衛陣二条御所。

5｜三好長慶與足利義輝尚能和平共存，圖為南宗寺（大阪府堺市）的三好長慶像。

三好長慶公
文武相備

等人的行徑可說視將軍如無物。作為弒君主角的三好家，當然承受全國的指責怒罵，反之足利義輝則受到同情。朝廷對足利義輝之死感到惋惜，追贈從一位左大臣官職，正親町天皇更停止政務三天以示弔意。山科言繼等公卿亦感嘆永祿之變，為前代未聞非言語能形容之事。

至於一般庶民百姓，一方面同情足利義輝被弒，另一方面對三好三人眾等人再度掀起戰亂感到不滿。足利義輝死後兩年、一五六七年（永祿十年）二月，京都真如堂舉行六齋踊為足利義輝祈求冥福。這次活動竟召集多達兩千八百人敲擊鉦鼓，場面浩大，不分貴賤男女，共吸引逾七萬群眾參加悼念。同年十月，六百人遠從安藝[9]來到真如堂，打扮成足利義輝家臣，組成行列，大跳風流踊。不少歷史學者認為，這是庶民百姓對三好家弒君一事所做的無聲抗議。

1 現今近畿地區，包括大阪府、京都府、兵庫縣、奈良縣、三重縣、滋賀縣及和歌山縣。
2 三好長逸、三好宗渭及岩成友通。
3 足利義輝堂弟。
4 獲足利義輝賜予「義」字，改名三好義重。
5 山田邦明等歷史學者認為，若真心弒君毋須提出「御所卷」，直接衝入二条御所斬殺便可。
6 劍術最高級別。
7 奪取三好家、永祿之變、焚燒東大寺（奈良縣奈良市）。
8 令制國之一，現今奈良縣。
9 令制國之一，現今廣島縣西部。

槙島城

室町幕府之終焉

僥倖逃出生天的覺慶，在足利義輝遺臣的擁戴下，為復興室町幕府家業，四出尋求全國大名的支援。這時有一國大名悄悄崛起，正以驚人速度擴張領土。他願意給流離失所的覺慶一個棲身所，更擁護覺慶恢復室町幕府權威。這位大名也就是日後青史留名的織田信長。

復興救星！織田信長

覺慶還俗後，改名足利義秋，先是寄居在越前[1]大名朝倉義景之處，不過朝倉義景遲遲未擁戴足利義秋上洛。心憂如焚的足利義秋有見於此，只好繼續尋求其他大名協助，而唯一的救命草，也是改變其一生的男人：織田信長。

一五六八年（永祿十一年）七月，此時朝倉義景已經為足利義秋元服，並改名足利義昭。眼見朝倉義景因嫡子朝倉阿君丸之死無意上洛，足利義昭決意離開越前，投靠願意支援的織田信長。同年九月七日，織田信長在岐阜（岐阜縣岐阜市）出兵，連同盟軍多達五萬兵力，擁戴足利義昭上洛，並驅逐三好三人眾離開京都。翌月足利義昭終如願以償，正式就任第十五代征夷大將軍。翌年四月，織田信長在二条御所武衛陣原址，興建二条城竣工，成為足利義昭新居城。織田信長的積極態度，可說與朝倉義景是兩個極端。

足利義昭在織田信長幫助下登上將軍之位，起初確實對織田信長心存感恩，更稱織田信長為「御父」，與織田信長共同管理室町幕府。不過日久見真情，兩人都有很大的權力欲，爭拗遂由此而生。一心想復興室町幕府的足利義昭並不滿足於現狀，想擁有更多權力，這與實際掌權的織田信長容易引起衝突。另一邊，織田信長雖然支持重振室町幕府，卻只打算讓足利義昭當傀儡將軍，實權全握在自己手中，藉此擴張領土。面對足利義昭就權力的不滿而私自行動，織田信長只好收緊約束將軍權力，兩人關係很快便急轉直下。

十三條意見書：義昭與信長衝突的白熱化

足利義昭面對無兵無錢無權的窘境，只好私下尋求援軍幫忙討伐織田信長。足利義昭心知單憑一、兩個勢力響應，無法輕易打倒織田信長，於是私下廣邀各戰國大名，尋求一統戰線。足利義昭雖然治國無能，但非常善於玩弄外交策略，不惜拉攏昔日的殺兄仇人三好三人眾、「冷處理」自己的朝倉義景，以及淺井長政、六角義賢、本願寺及延曆寺等等，組成一個龐大的包圍網，藉著一五七〇年（元龜元年）四月織田信長遠征朝倉義景為契機，諸勢力在各地興兵反抗織田信長。結果織田信長被逼得疲於奔命，只能尋求足利義昭幫忙出面與各方停戰。

足利義昭眼見包圍網見效，於是決意擴大包圍，除原班人馬外，更成功拉攏松永久秀、武田信玄等其他勢力來壯大聲勢。雖然足利義昭的外交手段出色，但織田信長也非柔弱角色，他一面出兵平亂（當中以翌年九月火燒比叡山延曆寺一事最為轟烈），另一方面進一步加強對足利義昭的管制。

其實，織田信長早就知道這一切的幕後主使是足利義昭，但他對足利義昭很包容，一直沒打算「以下犯上」。只不過面對足利義昭不斷地在背後煽動，織田信長不得不採取行動，遏止足利義昭的行為。一五七二年（元龜三年）九月，織田信長向足利義昭上呈十七條意見書批判勸諫，不料此舉更激起足利義昭怒火，遂公然撕破臉，加強二条城及附近城郭的防禦工事，準備隨時與織田信長一戰。這時候武田信玄眼見機不可失，以手握足利義昭的「織田信長討伐令」為由，於同年十月開始從甲斐[2]率大軍上洛，意圖自不明言，當然是取代織田信長稱霸中央。

足利義昭與織田信長的矛盾愈演愈烈，加上諸勢力在各地反抗，織田信長可說身陷險境。特別是同年十二月，武田信玄在三方原（靜岡縣濱松市）大敗織田信長盟友德川家康，武田信玄上洛形勢更是高唱入雲，足利義昭似乎真的能從織田信長束縛中解放，憑己力中興室町幕府。

織田信長的糖與鞭子

面對足利義昭準備興兵對抗的態度，織田信長依然不死心，希望盡最後努力以和平方式解決。一五七三年（元龜四年）正月，織田信長派遣村井貞勝為使者，要求足利義昭送上女兒為人質，作為雙方講和條件。此時被大好形勢沖昏頭的足利義昭，自然一口回絕！出名脾氣暴躁的織田信長，終於按捺不住性子，警告足利義昭若不求和便開戰，更要將二条城連同京都一併成為戰場！

這時候，京都正流傳著武田信玄在三方原大勝的消息，一堆不利織田信長的流言紛紛出現，甚至傳出武田信玄上洛指日可待。然而眾人卻不知道，武田信玄在此戰後不久，身子便挺不住病倒了！兩地相距甚遠所造成的情報落差，讓京都上至足利義昭、下至一般百姓，都相信織田信長正被武田信玄弄得焦頭爛額，無暇對京都出兵。至少，足利義昭是如此深信。

織田信長說得出做得到，眼看足利義昭無視講和，積極備戰，遂在同年二月正式對足利義昭宣戰！翌月織田信長從岐阜出兵，上洛攻擊足利義昭的二条城。即使織田信長率領大軍上洛，但京都人早已經被不利織田信長的流言蜚語所蒙蔽，仍然樂觀地相信武田信玄、朝倉義景等諸大名會前來救援。結果，諸位大名一位也沒來，倒是織田信長軍勢已來到京都外圍。此時京都民眾才如夢初醒般地陷入混亂，足利義昭亦急忙號召反信長勢力進入二条城防守。

織田信長在京都東山的知恩院布陣，細川藤孝等足利義昭的舊臣眼見形勢不利，紛紛倒戈加入織田信長的旗下。織田信長雖然出兵討伐足利義昭，但考慮到足利義昭畢竟是征夷大將軍，為避免影響風評，織田信長還是再次向足利義昭提出講和。織田信長派遣明智光秀及細川藤孝兩人為使者前往二条城，要求足利義昭剃髮出家，並交出人質作為講和條件。足利義昭即使面對大軍壓境兵臨城下，卻早已下定決心與織田信長翻臉，不但堅拒講和，更派人燒毀京都所司代[3]屋敷作為回應。

足利義昭再次引起織田信長怒火。織田信長將這滿腔怒火轉移至支持足利義昭的京都百姓身上，竟下令燒毀上京及下京。京都百姓聞訊大驚，紛紛向織田信長求饒，更集資向織田信長進貢示好。對於以一般百姓為主的下京地區，織田信長承諾寬免，分文不收；但對於以商人為主的上京地區，織田信長則不滿商人大多支持足利義昭，決定放火以示懲戒。

同年四月，織田信長一方面包圍二条城，一方面在上京地區放火。織田信長深知

1
2

1｜足利義昭最後在槙島城舉兵反抗織田信長，石碑處的槙島城遺跡現為小公園。
2｜織田信長在上洛後，曾為足利義昭於二条御所原址建二条城。

「糖與鞭子」的道理，這次請來正親町天皇出面，以敕命逼使足利義昭接受和解。在天皇的面子下，足利義昭也不得不屈服接受講和。

最後的交戰

織田信長接受講和後便率兵回去，正當大家以為足利義昭終於屈服的同時，他仍舊不改其反叛本色，再次密謀舉兵。這一次就連足利義昭的家臣也看不過去，內藤如安等人紛紛勸諫足利義昭就此收手。足利義昭眼見家臣們不可靠，竟然捨棄二条城，逃至京都外圍宇治的槙島城（京都府宇治市），打算再次高舉反抗織田信長的旗幟。

槙島城是位於宇治巨椋池上的一座小島，由當地豪族真木島昭光統治。槙島城並非什麼大城名城，只是一座寂寂無名的小城，卻因足利義昭「紆尊降貴」來到而熱鬧起來。足利義昭一而再、再而三地反抗織田信長，最終卻淪落到棲身槙島城，恐怕自己也沒料到，槙島城將會是他第一次、也是最後一次直接與織田信長交戰之地。

足利義昭的一切舉動，織田信長早已擬定好對策。同年五月，織田信長針對槙島城這座水城，決意建造大船從琵琶湖輸送大軍。大船全長三十間、闊七間（約長五十四公尺，寬十二公尺），船首船尾建櫓，如此龐大的船在當時是首創。

同年七月三日，足利義昭眼見一切準備就緒、時機成熟，決意撕破敕命，再次舉兵對抗織田信長，三淵藤英等家臣亦於二条城舉兵呼應。面對足利義昭公然違反天皇敕命，織田信長率兵坐船進入京都，逼使二条城投降。接著轉戰槙島城，涉水渡過宇治川，向槙島城發動總攻擊。面對織田信長大軍，區區槙島城又豈能是對手？當織田軍在七月十八日攻破槙島城城牆，於城內放火之際，足利義昭早已再次嚇破膽，乖乖奉上還不足歲的嫡子足利義尋為人質，向織田信長請降。從舉兵到投降，前後僅半個月時間。

寧當「失意食客」，不做「傀儡將軍」

足利義昭向織田信長投降，織田信長不但沒殺害足利義昭或剝奪其將軍職位，還「以德報怨」，將足利義昭送往三好義繼的若江城（大阪府東大阪市）。織田信長以德報怨，也許是不想如三好三人眾般，背負殺害將軍污名；但足利義昭這次舉兵的代價，卻造成室町幕府領地盡失，成為一個沒權沒勢只掛著將軍名號的失意浪人而已。一般史學家都將槙島城之戰視為室町幕府時代的終結，室町幕府名存實亡，末代將軍足利義昭亦只能苟且偷生。

世界文化遺産
ようこそ 比叡山 延暦寺へ
Welcome to Mt.Hiei Enryakuji temple, world cultural heritage site.

5 | 3 / 4

3｜曾遭織田信長放火焚燒的比叡山，圖為比叡山延曆寺售票處入口。

4｜槙島城經歷環境時間變遷，昔日巨椋池已經填平，圖為槙島城範圍內另一處公園。

5｜足利義昭後來投靠毛利輝元，在鞆建立鞆幕府，圖為鞆城跡。

此後，足利義昭連同近臣輾轉流浪各地，最終獲得毛利輝元收留，棲身備後[4]的鞆（廣島縣福山市）建立鞆幕府，繼續以將軍之名，號召諸大名反抗織田信長。只是隨著織田信長勢力如日中天，足利義昭影響力日漸低下，最終足利義昭在毛利家門下，過著猶如食客般的生活。

如果當初足利義昭甘心當個「傀儡將軍」，或許還能優哉遊哉地過著將軍的奢華

室町幕府何時正式「壽終正寢」？

織田信長雖然放逐足利義昭，卻沒有徹底消滅室町幕府。織田信長死後，豐臣秀吉取代其地位，毛利輝元亦向豐臣秀吉稱臣。此時豐臣秀吉已掌握大半天下，而足利義昭亦早已看透世事。根據《公卿補任》記載，一五八八年（天正十六年）一月十三日，足利義昭跟隨豐臣秀吉進入京都御所，正式向後陽成天皇交回征夷大將軍一職，室町幕府正式名實具亡。足利義昭之後出家為僧，法名昌山（道休）。

有說豐臣秀吉曾要求成為足利義昭養子，以繼承征夷大將軍一職，不過遭對方拒絕。此說出自江戶時代初期，江戶幕府御用學者林羅山撰寫的《豐臣秀吉譜》。由於此說沒其他佐證，歷史學者懷疑林羅山為抬高成為征夷大將軍的德川家康，醜化豐臣秀吉的創作故事，故此說法可信度很低。

生活，不用流落四方，最終寄居毛利家當食客；不過，對於這位末代將軍而言，將軍的尊嚴與傲骨卻是他最珍貴的寶物。為了將軍名譽，足利義昭寧背上亡國將軍之名遭世人譏笑，也要堅守著室町幕府最重要的將軍尊嚴。

1 令制國之一，現今福井縣。

2 令制國之一，現今山梨縣。

3 織田信長設立的職位，代表織田家負責維持京都治安。

4 令制國之一，現今廣島縣東部。

安土城

見證織田信長的榮盛

織田信長在放逐末代將軍足利義昭、結束室町時代後，自此平步青雲，在戰國諸大名中脫穎而出，大有席捲全國統一天下的氣勢。此時織田信長考慮到今後戰略方針，浮現出遷移居城的新想法，於是決意打造一座舉世不朽的大名城。

以交通便捷及水路運輸為考量

一五七五年（天正三年），當時織田信長的居城為岐阜城（岐阜縣岐阜市），雖然規模龐大，但距離天皇所在的京都頗為遙遠。從岐阜前往京都要花上兩天時間，對於急性子的織田信長來說自然無法接受。加上織田信長放逐將軍足利義昭後，對京都的控制及交流漸增，往來頻繁下，更突顯岐阜位置偏遠所帶來的不便。織田信長深知京都的政治戰略重要性，於是趁近畿局面漸趨平穩之際，尋找一個理想地方築城遷徙，以便與京都更為緊密聯繫。

織田信長在選址上花費功夫，既想找個距離京都較近地方，亦想找個如岐阜般交通便利之地。此外，織田信長還考慮到交通的多樣性，萬一陸路被敵軍封鎖，能否有其他替代方法前往京都？因此，織田信長初步的選址方案，便以琵琶湖畔附近為目標，利用水路從琵琶湖出發，經瀨田川、宇治川進入伏見往京都，甚至往下游前往大阪，以便進軍當時位於大阪的本願寺大本營：石山御坊。

雖然以琵琶湖畔附近為目標，不過琵琶湖為日本第一大湖，選在哪裡建城比較好呢？綜合前述條件下，織田信長最後看上了觀音寺城（滋賀縣近江八幡市）旁邊一座小山：目賀田山。目賀田山位處琵琶湖內大中湖[1]旁，在來往京都岐阜之間的主幹道附近，水陸兩路北上至越前亦很方便，而不遠處更有戰國首個樂市[2]：石寺樂市。織田信長於是決定在目賀田山上，建築一座當時舉世無雙的城，並將此地改名為「安土」。

安土名字的由來

安土何時被改名，現今並未有一個確切答案，一般認為首見於織田信長興建安土城之時，亦有流傳古代便已存在的說法。江戶時代出版的《細川家記》，便記載織田信長將目賀田改名為安土一事。至於《信長公記》方面，雖然曾有一五七〇年（元龜元年）使用「安土城」一詞的紀錄，但除此之外，與當地相關紀事，在一五七六年（天正四年）興建安土城前一律以「常樂寺」稱呼。現今史學界大多認為安土這名字出自織田信長，至於《信長公記》一五七〇年引用「安土城」一詞也許是筆誤。

至於安土名字的意思，《信長公記》等當時史料並沒記載，大家常聽到的「平安樂土」之意，也是後世流傳。不過一般認為織田信長改名岐阜城時曾經「引經據典」，說不定「平安樂土」亦有可能是織田信長所隱含的期望。

♜全國之最的安土城

一五七六年（天正四年）正月，織田信長任命家臣丹羽長秀為總普請奉行[3]負責規畫，聘請以建築聞名的近江[4]穴太眾協助興建安土城。經過三年多時間，一五七九年（天正七年）五月安土城大致完成，織田信長在五月十一日正式遷至天守。

安土城與大中湖相連，而城內山頂則矗立約三十二公尺高的五層天守[5]，以彰顯安土城的威容。最高兩層呈八角形的八角堂，頂層塗金色，下層則塗紅色，內部以黑色為主，配上華麗的障壁畫作裝飾。無論規模及容貌，安土城在當時的日本來說都是全國之最。太田牛一的《信長公記》與佛洛伊斯的《日本史》，都讚嘆這座天守雄偉。

安土城建立後，下一步就是令城下町繁榮起來。織田信長為此藉故強制家臣將故鄉的妻兒接來安土，更命人放火燒毀他們的故鄉住所，安土人口遂急遽增加。傳聞織田信長為彰顯安土城的繁華，下令城下町居民每夜必須點燈，讓燈火照耀整個安土，形成一幅華麗的夜景。

然而號稱天下第一名城的安土城，壽命卻不長久。三年後的一五八二年（天正十年）六月發生本能寺之變[6]，織田信長遭到家臣明智光秀謀反身亡，近畿一帶登時大亂。時任安土城守將蒲生賢秀，擔心安土城成為明智光秀目標，於是帶著織田信長的家眷

1
2

1｜織田信長最後居城：安土城。

2｜安土城歷時三年多完成，圖為安土城大手道。

逃回自己的領地日野（滋賀縣蒲生郡），城下居民亦紛紛逃亡。果然不久之後，明智光秀的部將明智秀滿率兵占領安土城。

只是明智光秀篡奪織田信長的天下亦維持不了多久，不足半個月後的山崎之戰，明智光秀不但被另一位織田信長家臣羽柴秀吉擊倒，更在兵敗逃亡中意外命喪民兵之手。明智秀滿聽聞明智光秀死訊，率兵逃離安土城。就在這一段期間，安土城內突然失火，結果安土城的天守連本丸一併被大火所吞噬。

安土城是日本首座天守嗎？

雖然一般都將安土城天守視為日本天守之始，不過有關說法仍備受爭議，唯一可以確定的是，安土城天守是日本史上首座五層高的天守。在安土城之前，古文獻曾流傳著類近天守建築。例如太田道灌時代的江戶城、伊丹城、多聞山城及信貴山城。不過這些天守沒有詳細記載，亦沒留下相關遺跡，應否視為天守本身亦存在著爭論。因此安土城天守台，可說是現存最早可追溯的日本城郭天守遺址。

安土城的末路

安土城本丸及天守雖被大火毀於一旦，但二丸等城郭仍存在。織田秀信（織田信長嫡孫）曾有一段時間居於安土城二丸。最後，一五八五年（天正十三年），羽柴秀吉養子羽柴秀次在附近的八幡山（滋賀縣近江八蟠市）築城，安土城這座昔日一代名城正式宣告被廢除，安土城下町居民則遷往八幡山城下生活，此舉造就了日後近江八幡市的興盛，就是另一個故事了。

安土城的縱火元兇是誰

由於安土城天守在離奇失火下被焚，因此歷來流傳著不同的說法，首位疑犯自然是明智秀滿。明智秀滿被指撤退時放火燒城（《秀吉事記》《太閤記》），但是根據當時史料《兼見卿記》記載，安土城被焚當日，明智秀滿已返回阪本城（滋賀縣大津市），並被羽柴秀吉軍包圍，故此在時間點上似乎可信性比較低。

第二位疑犯是織田信長次子織田信雄，根據當時佛洛伊斯等人向教皇報告，指明智秀滿離開安土城後，織田信雄率兵試圖收復安土城。織田信雄為逼使城中殘兵出戰，便派人在安土城下放火，不料火乘風勢，結果連安土城本丸及天守都一併燒掉。報告直指織田信雄放火舉動愚昧。不過其他紀錄只提及安土城本丸天守被焚，並未提及城下放火一事，令此說法留有爭論。

除了上述兩位疑犯外，也流傳有盜賊一說。明智秀滿撤離安土城後群龍無首，引起盜賊及民兵對城內寶物的垂涎，搜掠一空後便放火燒毀。

道三・信長ゆかりの岐阜城(むかしは稲葉山城)
The Gifu Castle of Dosan and Nobunaga
(formerly called Inabayama Castle)
Welcome to Gifu Castle

4 | 3
5 |

3｜岐阜城因距離京都甚遠，令織田信長有改遷的念頭。

4｜現時安土的信長之館內，復原安土城最高兩層天守模型，盡顯其當時繁華面貌。

5｜安土城廢城後，當地不少町民遷往附近的八幡山城下町，造就當地江戶時代的繁榮景像。圖為現今近江八幡市新町通，尚保留不少昔日建築。

1 後因圍墾填平大半，現僅存西之湖。

2 自由進行買賣的都市。

3 土木工程由規畫到建築的最高負責人。

4 令制國之一，現今滋賀縣。

5 當時稱「天主」。

6 明智光秀趁織田信長下榻京都本能寺兵力薄弱時，率兵發動叛變。結果織田信長及織田信忠等人自盡。由於織田信長的屍首並未被發現，因此也被日人稱為「日本史上三大謎團之一」。

清洲城

瓜分主子領地的「清洲會議」

織田信長建立一座當時舉世無雙的安土城，不料因本能寺之變受到牽連，天守最後難逃被焚毀的命運。另一邊，羽柴秀吉（後改名豐臣秀吉）在山崎之戰打敗了明智光秀，總算為織田信長報仇，收拾明智光秀這個爛攤子。不過，接下來卻遇上新難題。究竟織田家日後由誰人來繼承呢？由「武鬥」走向「文鬥」，改變日後歷史的「清洲會議」就在這片亂局中緊接上演。

群龍無首的織田家

織田信長早已立嫡長子織田信忠為繼承人，但恐怕父子兩人做夢也沒料到，在本能寺之變中雙雙領了便當。織田信長一死，領內立刻亂為一團，各地出征將領立即回國平亂。雖說明智光秀最終兵敗身死，不過織田家卻已無繼承人，面對這樣嚴峻的環境，到底由誰來掌舵織田家，已成為當務之急。

織田家一族與重臣們為了商議繼承人及領地問題，決定在一五八二年（天正十年）六月下旬，齊集尾張[1]的清洲城（愛知縣清須市）商討織田家的未來。至於為何在清洲城？除了與織田家有歷史淵源外，更是織田信忠唯一血脈——織田三法師當時身處之地。

1
2

1｜清洲會議的舉辦場地：清洲城，圖為後人在清洲城原址對岸重建清洲城天守。

2｜織田信長葬身火海的本能寺原址，現成為老人中心。

六月下旬，織田家一族與重臣們紛紛來到清洲城，準備參加清洲會議。雖說號召了一大票人來，但會議卻實行「精英制」，只有織田家宿老參與，其他人只能乖乖在外面等待結果。織田家宿老本身有四人，即是一般認為「織田四天王」：柴田勝家、丹羽長秀、羽柴秀吉及明智光秀。明智光秀兵敗身亡後，本應由最接近宿老之位的「第五人」瀧川一益補上。不過瀧川一益遲遲未抵清洲，會議一直被拖下去也不是解法，於是三位宿老決定於六月二十七日召開。至於瀧川一益空缺，只好由「最佳第六人」、也是織田信長的乳兄弟池田恆興頂上。

至於原定出席會議的瀧川一益，並非不想參與，而是無法如期趕上。當時駐守上野的瀧川一益，正被昔日織田信長盟友北条氏政弄得焦頭爛額。北条氏政一聽聞本能寺之變時織田信長葬身火海，就像獵犬聞到鮮血氣味一樣，二話不說立即撕破臉，出兵侵占上野。面對擁有大半關東地區的北条氏政，瀧川一益僅靠剛占領不久的上野一國兵力，自是無法對抗，最終在神流川之戰被擊潰。

瀧川一益兵敗丟了上野，只好逃回清洲參加會議，不料信濃[2]的木曾（長野縣木曾郡）領主木曾義昌拒絕放行，瀧川一益無法趕回。就在舉行清洲會議當日，瀧川一益終於與木曾義昌達成協議，從信濃的小諸（長野縣小諸市）出發，只可惜最終還是無法趕上。[3]

禿鼠[4]的逆襲

清洲會議在瀧川一益缺席下，由柴田勝家、丹羽長秀、羽柴秀吉及池田恆興四人召開。一般認為是織田信忠二弟織田信雄與三弟織田信孝在爭奪織田家家督之位。身為討伐明智光秀的大功臣羽柴秀吉，也考慮過推舉其養子、織田信忠的四弟羽柴秀勝爭奪家督。不過論輩分資格，羽柴秀勝不如前述兩位哥哥，即使羽柴秀吉有很高的聲望，也難以說服眾人支持羽柴秀勝，更容易讓人感覺有私心。

在得知宿敵柴田勝家支持織田信孝後，一向喜歡鑽空子的羽柴秀吉又豈能善罷甘休。此時羽柴秀吉想起原繼承人織田信忠還有一位年僅兩歲的稚子織田三法師，與其支持另一位「不聽話」的織田信雄，倒不如擁立一位「傀儡幼兒」。於是羽柴秀吉舉著「織田信忠嫡子」的大義名分，令眾人啞口無

「清洲會議」的新真相

上面提及過「清洲會議」的一般說法，不過史學界近年來卻提出了新說。有指織田家家督一職，早已內定是織田三法師，至於織田信雄與織田信孝爭奪的，其實是織田三法師的監護人一職，所以才在織田三法師身處的清洲城召開會議。不料四人幾經商議，評論兩人各有優劣，最後還是無法得出結論，結果變成讓織田信雄與織田信孝一併擔任監護人，四宿老則輔助織田三法師的新體制。如此顛覆既有說法，歷史果然很有趣。

5 | 3 / 4

3｜清洲城本丸原址。

4｜木曾義昌曾阻撓瀧川一益趕回清洲參與會議，圖為木曾義昌主城木曾福島城本丸。

5｜電影《清須會議》的拍攝場地：松代城（海津城）。

言，這場家督爭奪戰，跑出了織田三法師這個大冷門，也令羽柴秀吉在清洲會議上擁有主導權。不過，為了安撫柴田勝家及織田信孝，羽柴秀吉亦做出讓步，讓織田信孝成為織田三法師的監護人。

清洲會議除了決定織田家家督外，對眾宿老而言更重要的是「瓜分領地」。在山崎之戰大出風頭的羽柴秀吉，加上家督爭奪戰的出奇制勝，自然擁有很大的話語權。結果會議在羽柴秀吉的主導下，超越柴田勝家，成了織田家內部最大的勢力。此後丹羽長秀及池田恆興亦歸附支持羽柴秀吉，造就日後羽柴秀吉成為天下人之路。同時，失勢的柴田勝家與羽柴秀吉的關係日益緊張，最終無可避免地爆發了日後的賤岳之戰。

三谷幸喜的《清須會議》

二〇一三年，日本鬼才導演三谷幸喜將自身出版的小說《清須會議》拍成電影，更請來役所廣司、大泉洋等資深演員演出。電影透過生動有趣的手法，讓大眾對日本戰國史上這場重要事件略知一二，在日本曾掀起過一段熱潮。

電影雖然以「清洲會議」為題材，但拍攝現場卻不在現今的清洲城，大家知道電影在哪座日本古城內拍攝呢？答案是日本百大名城之一的松代城（長野縣長野市），松代當地亦以此為賣點宣傳一番。

1 令制國之一，現今愛知縣。

2 令制國之一，現今長野縣。

3 一說瀧川一益因神流川之戰戰敗，丟失領地故無顏面參與會議。

4 織田信長對羽柴秀吉的暱稱，順帶一提羽柴秀吉的另一個暱稱「猴子」，是江戶時代後人所創作。

石垣山城

見證小田原征伐的「一夜城」

羽柴秀吉自清洲會議後一直平步青雲，最終登上關白之位，易名豐臣秀吉，創造歷史。豐臣秀吉為求全國大名皆臣服旗下，宣布「惣無事令」[1]，意圖藉此一統天下。不過戰國亂世，總是有些人跟不上時代變遷，刻意與豐臣秀吉唱反調；不甘就此罷手的北条氏政刻意破壞「惣無事令」，激怒豐臣秀吉發動天下統一前的最後大戰：小田原征伐！

全國停止干戈的「惣無事令」

一五八七年（天正十五年）五月，隨著九州的島津義久投降，豐臣秀吉放眼天下，日本只餘下關東及奧羽[2]尚未平定。豐臣秀吉為盡早實現全國統一夢，於是在同年十二月向關東及奧羽發布「惣無事令」，變相要求當地大名向其稱臣。不過，身為關東地區霸主的北条氏政，似乎對這位暴發戶天下霸主不怎麼服氣，畢竟若是向豐臣秀吉稱臣，就無法再擴張領地。當然，北条氏政也自知敵不過豐臣秀吉，於是提出要占有上野的沼田（群馬縣沼田市），作為向其稱臣的條件，務求趁最後機會占領更多領地。

面對北条氏政討價還價，豐臣秀吉起初一再忍讓。當時沼田的領主為真田昌幸，當然不想將自己辛苦打下的領土拱手相讓，於是豐臣秀吉召開仲裁會議。只是北条氏政實行「拖字訣」，遲至一五八九年（天正十七年）二月才派家臣板部岡江雪齋上洛，商討沼田的安排。

豐臣秀吉仍然對北条氏政寬宏大量，不單沒有怪罪，更在沼田仲裁會議上偏心地做出對北条氏政有利的裁決。結果沼田三分之二的領地連同沼田城皆畫分予北条氏政；真田昌幸僅保有其餘三分之一的領地，而豐臣秀吉另予信濃的箕輪（長野縣上伊那郡）作為補償。只是豐臣秀吉將沼田的名胡桃城畫歸真田昌幸，卻成為日後小田原之戰爆發的導火線。

豐臣秀吉三番兩次向北条氏政讓步，無非想讓其上洛稱臣，不料遭北条氏政熱臉貼冷屁股。當北条氏政拿到沼田後，又恢復其本性，冷待豐臣秀吉。人的容忍總有限度，豐臣秀吉決定不再對北条氏政忍讓，雙方關係再度緊張。另一邊，北条氏政卻洋洋得意，認為自己將豐臣秀吉玩弄於股掌間。北条氏政深知豐臣秀吉需要自己做「領頭羊」，因為只要北条家稱臣，關東奧羽的戰國大名亦會紛紛跟隨。看到豐臣秀吉不惜低聲下氣連番順從退讓，北条氏政於是繼續軟土深掘，隨著十一月發生的「名胡桃城事件」，事情急轉直下至無法挽回。

名胡桃城事件引發戰爭

一直將豐臣秀吉視為眼中釘的北条氏政，對於只獲得三分之二沼田的領地心生不滿，特別是重要的名胡桃城仍在真田昌幸手上，感覺如芒刺背。於是心生一計，慫恿沼田城城代[3]猪俣邦憲，想辦法「智取」名胡桃城。

十一月三日，名胡桃城守將鈴木重則，從家臣中山九郎兵衛手上收到返回上田城的書狀。鈴木重則在途中感到事有蹊蹺，於是折返回名胡桃城，發現城中竟然全部換上北条家的旗幟！原來這一切都是猪俣邦憲的陰謀！中山九郎兵衛被猪俣邦憲收買，撰寫偽信誘騙鈴木重則出城後，打開名胡桃城向北条氏政請降。猪俣邦憲見機不可失，便從沼田城率兵進入名胡桃城。鈴木重則被騙後深感忿恨，在無顏見真田昌幸的情況下，竟在沼田城下的正覺寺切腹自盡，史稱「名胡桃城事件」。

豐臣秀吉知悉事件後，對北条氏政的理智線終於斷裂，無法容忍其擅自破壞「惣無事令」的跋扈態度，一改昔日包容，向關東大名宣告準備對北条氏政出兵；另一方面，豐臣秀吉命令北条氏政立即上洛交待，給予其最後一次機會。這一次北条氏政一如以往，雖然派出家臣石卷康敬上洛解釋，卻無視豐臣秀吉要求交出犯人。北条氏直[4]致函豐臣秀吉，信中不但對上洛諸多推搪，更試圖合理化其掠奪行為。

北条氏直這種狡辯，無疑令事件火上加油，雙方已無交涉餘地。豐臣秀吉終於撕破臉，決意向北条氏政宣戰。身處兩大勢力之間的德川家康，正處於兩難局面，一方是統一大半日本的天下人豐臣秀吉；另一方是姻親盟友北条氏政。不過久歷大場面的德川家康，很快就做出決定，就是「西瓜偎大邊」。既然苦勸無效，對北条氏政仁至義盡，於是德川家康支持豐臣秀吉開戰。豐臣秀吉獲得德川家康力挺，如虎添翼，於是在十二月二十三日正式宣布動員全國大名，討伐北条氏政。

事已至此，豐臣北条雙方已陷入破局。北条氏直知道大戰一觸即發，無法避免，於是早在十二月十七日下令，動員家臣於一五九〇年（天正十八年）一月十五日，在相模[5]的小田原城集合準備開戰。

擅長心理戰的豐臣秀吉

北条氏政徵召領內全部成年男子入伍，要求寺院提供大鐘鑄造大砲，並加強修築城郭要塞。此外，北条氏政更向陸奥的伊達政宗求援，打算聯合關東陸奥力量與豐臣秀吉決戰。據聞北条家兵力多達八萬，單是駐守小田原城就有五萬之眾。豐臣秀吉亦號召全國大名參戰，水陸兩路大軍據報逾二十萬，誓要一舉剷平北条氏政勢力。

對於打慣超大型戰的豐臣秀吉來說，一點也不急於出兵。在整理好諸大名的行軍路線、並確保後方補給後。一五九〇年（天正十八年）三月一日，豐臣秀吉獲後陽成天皇賜予節刀，手握大義名分，從聚樂第出發東征被宣告朝敵的北条氏政。

北条氏政畢竟只是占領關東的一方之雄，論實力又豈是坐擁大半江山的豐臣秀吉對手？豐臣秀吉兵分多路攻擊北条家的主要城郭，自身主力部隊則

日本諺語「小田原評定」的由來

日本有句諺語叫「小田原評定」，意思指「無論談到何時也無法得出結論的會議或對談」。這個諺語的由來，就是指一五九〇年（天正十八年）一月，北条家諸家臣在小田原舉行的評定會議。北条氏直召集家臣前來小田原，商討對抗豐臣秀吉。會上家臣們提出守城、迎擊、投降、調停等不同建議，結果北条氏政父子拿不定主意，白白虛耗時間貽誤軍機。

不過這個故事很可能是後世創作，當時史料紀錄並無相關說法。此說最早出現於一七二六年（享保十一年）的《關八州古戰錄》。後來一八四一年（天保八年）出版的史書《改正三河後風土記》，談及小田原評定時，只說小田原城曾舉行兩場臨時會議，一場是一五九〇年（天正十八年）一月「籠城」還是「出擊」的問題；一場是同年六月「投降」還是「決戰」的問題，並未談及會議詳情。後來小山田與清的《松屋筆記》、《管窺武鑑》等書籍均引用《關八州古戰錄》說法，自此「小田原評定」這個負面形象慢慢深入大眾腦中。

長驅直入小田原城，在沿途沒遇到多大的阻礙下，其先鋒隊在四月三日便來到小田原城附近。

在豐臣秀吉壓倒性的兵力下，很快將小田原城包圍起來。不過這一切早在北条氏政的計算之內。小田原城堅固無比，昔日戰國時代兩大名將：上杉謙信及武田信玄，曾先後率兵進攻小田原城，但均被北条氏政擊退。北条氏政深信小田原城只要能堅守下去，豐臣秀吉便會像之前兩大軍神一樣，眼睜睜地看著虛耗軍糧，最終糧草不足而被逼撤退。

然而北条氏政千算萬算，也算不到豐臣秀吉原來是「城戰」的箇中高手。深知城戰要訣的豐臣秀吉，豈會不知道要汲取前人教訓？豐臣秀吉為打好這場仗，很重視後勤補給工作，更特別籌集多達二十萬石軍糧，這已是許多大名一年甚至多年的總收入。在沒有糧食煩惱下，就輪到豐臣秀吉發揮其最擅長的「圍城消耗戰」了。

豐臣秀吉認為將小田原城圍個水洩不通，戰況大局已定，北条氏政投降只是時間問題。他為了彰顯其天下人的象徵，不惜大灑金錢打這場「最後之戰」。對身在軍中等待的豐臣秀吉來說，平日無所事事甚為無聊，於是召來茶人千利休，連日舉辦大茶會放鬆心情，後來甚至從大坂召來其側室茶茶到軍中作樂，更到箱根（神奈川縣足柄下郡）泡溫泉。在時人眼中，與其說豐臣秀吉去小田原打仗，更像是到關東遊山玩水。不過，這一切其實是豐臣秀吉的心理戰，特意向北条氏政彰顯其遊刃有餘的態度，重重打擊小田原城的士氣。

豐臣秀吉眼見心理戰奏效，讓諸大名向小田原城將士勸降，城內陸續出現背叛及逃亡者。儘管北条家斬殺了暗通的家臣，但仍難阻止他們的離心。在小田原城被包圍兩個月後的六月五日，北条氏政朝思暮想的唯一盟友伊達政宗，終於抵達小田原。不過伊達政宗並非支援北条氏政，而是向豐臣秀吉負荊請罪，就延誤出兵一事道歉。北条氏政失去了最後的希望，亦看不到豐臣秀吉有撤退之意，小田原城士氣日益低落，可說完全在意料之外。

與此同時，德川家康等曾派人遊說北条氏政投降，不過正如前述的「小田原評定」一樣，是戰是降最終亦不了了之。豐臣秀吉等不下去，改變心理戰打法。六月二十三日，豐臣秀吉將剛攻陷的八王子城（東京都八王子市）將兵首級送至小田原城外展示，城內士氣又受到打擊。

六月二十六日一早，小田原城的每一個人都不敢相信自己的眼睛！突然一夜之間，城外笠懸山山頂出現一座全新的龐大山城！這座石垣山城，猶如突然從石頭間爆出來般，讓城內眾人都目瞪口呆。此時眾人終於明白，他們與豐臣軍之間的差距遙不可及，竟然一夜之間就能築起一座頗具規模的全石垣城郭！石垣山城的出現，可說是壓跨北条家的「最後一招」。北条家士氣完全崩潰，無人再提抗戰，轉而尋求投降之道。

1
2

1｜豐臣秀吉築城後，一晚內砍伐城外樹木，讓北条軍誤以為是「一夜城」而士氣崩潰。圖為石垣山城天守台跡。

2｜北条氏政兄弟被命令切腹，墓所在JR小田原站附近。

北条家結束近百年的關東霸業

石垣山城出現後，豐臣秀吉派遣黑田孝高等人向北条氏政勸降。北条氏政也知大勢已去，其子北条氏直遂於七月五日以切腹為條件換取城中將兵性命，正式向豐臣秀吉投降。

最初豐臣秀吉赦免北条氏直死罪，只需北条氏政、北条氏照兩位主戰派，以及宿老松田憲秀、大道寺政繁等人切腹謝罪，以及北条家僅保留武藏[6]、相模、伊豆三國領地為條件，達成投降和議。不料豐臣秀吉最終反悔，將北条家領地全數沒收，北条氏直則軟禁在高野山。翌年八月，在德川家康的奔走下，北条氏直終獲豐臣秀吉赦罪，賜予一萬石領地。只可惜北条氏直

石垣山城真的是一夜城嗎？

豐臣秀吉連串心理戰當中最為誇張的，便是興建一座山城。就在包圍小田原城不久，豐臣秀吉便下達一項祕密任務，在小田原城西面三公里的笠懸山山頂興建石垣山城。愛好吹牛的豐臣秀吉，為保密讓小田原城眾人大吃一驚，特意不砍伐山頂上的樹木，利用樹木作為屏障。當石垣山城建好後，於六月二十五日晚上，豐臣秀吉下令一晚內砍光笠懸山山頂的樹木，讓小田原城內眾人誤以為石垣山城僅花一夜時間便建成。事實上，豐臣秀吉興建關東首座全石垣的近世城郭，動員約四萬人，最終耗費約八十日時間完成，並非如後世傳聞。小田原之戰後，石垣山城也完成其歷史任務，而遭到廢城的命運。

無福消受，三個月後因病撒手人寰，自此稱霸關東近百年的後北条氏嫡系，從歷史舞台上消失。至於北条家遺下的領地，由德川家康改遷，繼承了大部分。此後德川家康並聽從豐臣秀吉的建議，選址江戶另建新城。

1 禁止大名間私下戰爭，遵守的大名會獲得領土及地位保障。
2 陸奥及出羽兩國的合稱。
3 代理城主。
4 此時北条氏政已讓位予長子北条氏直，但實權仍在其手中。
5 令制國之一，現今神奈川縣大部分。
6 令制國之一，現今東京都、琦玉縣大部分及神奈川縣東北部。

石垣山一夜城歴史公園

群馬県指定史跡
名胡桃城址

5 | 3 / 4

3｜豐臣秀吉討伐北条氏政父子，圖為當時豐臣秀吉本陣：石垣山城跡，現址成為歷史公園。

4｜「小田原征伐」起因：北条氏政偷奪真田昌幸的名胡桃城。

5｜北条氏政父子堅守小田原城不出，圖為後人參考江戶時代的小田原城天守，於1960年（昭和35年）重建完成。

名護屋城

豐臣秀吉征服朝鮮之夢

豐臣秀吉討伐北条氏政，平定關東，東北奧羽的戰國大名亦紛紛歸順。放眼日本全土，已沒有大名敢違抗豐臣秀吉的命令。一位平民出身的人，不僅飛躍龍門登上關白這位極人臣之職，更達成統一日本這前無古人的驚人霸業，想必應該心滿意足吧。不過豐臣秀吉的目光，卻早已遠離日本，轉為注視朝鮮。沒錯！豐臣秀吉並不滿足於狹隘的日本，其擴張領土的野心並未停止，他在九州選址興建新城，作為對侵略朝鮮的大本營，一場涉及中日韓三國的大戰旋即上演。

早在一五八七年（天正十五年）平定九州後，豐臣秀吉便寫信予朝鮮的李氏王朝，不但要求朝鮮向日本稱臣，更要協助日本攻打明朝。原本朝鮮對日本就沒有好感，以前曾發生過日本人在朝鮮作亂的惡行，對朝鮮來說，日本形象可說是劣跡斑斑。豐臣秀吉這封信如此傲慢，朝鮮當然會拒絕了。

之後豐臣秀吉派對馬[1]的宗義智與朝鮮交涉，但亦無法說服朝鮮改變初衷。畢竟朝鮮的背後有明朝在撐腰，即便豐臣秀吉真的來犯，也可以向明朝求援，擊退日本。面對豐臣秀吉的橫蠻要求，李氏王朝根本沒放在心上。

豐臣秀吉得知宗義智交涉失敗後，終於被惹怒，決心先平定朝鮮，繼而入侵明朝。為了籌備侵略朝鮮，豐臣秀吉必須在九州建立一個龐大的前線基地。一五九一年（天正十九年）八月二十三日，豐臣秀吉公告全國大名，將於翌年春天「入唐」[2]，下令九州大名在肥前[3]的名護屋（佐賀縣唐津市）興建新城，作為對朝鮮的前線基地。

全國第二大城的名護屋城

豐臣秀吉一聲令下，諸大名誰敢不從。關於名護屋，最早傳教士佛洛伊斯曾將之評為「極欠缺勞動力的荒野地」，不過當諸大名在十月上旬齊聚名護屋，合力建築這個前線大本營時，當時佐竹義宣的家臣平塚瀧俊，曾驚嘆名護屋當地無論是田野還是山頭皆人聲鼎沸，與昔日佛洛伊斯所說的大相逕庭。

名護屋城由黑田孝高負責規畫，黑田長政、加藤清正、小西行長、寺澤廣高等人擔任普請奉行，負責興建。在動員全國的力量下，僅半年時間便於一五九二年（天正二十年）[4]三月完成，其城郭規模是僅次於大坂城的全國第二大城！

名護屋與名古屋

名護屋位於肥前松浦郡東北方的一個小灣港，自中世以來一直是松浦氏對外交易的據點之一。據說豐臣秀吉在平定九州時，便計畫尋找合適的土地建城，作為將來侵略明朝的「灘頭堡」。豐臣秀吉在選址時，發現九州名護屋的發音，與故鄉名古屋相同，感覺特別親切。名護屋有一座名為勝男山的地方，豐臣秀吉覺得勝男山這個名字將會為自己帶來好運，於是選址在名護屋建城。

名護屋城座落在波戶岬的小山丘上，為一座建有御殿及五重天守的平山城，城外建設城下町，全國大名則在名護屋城附近建立陣屋[5]。當時派往朝鮮的兵力多達二十萬名；留守的人亦有十萬，總數逾三十萬兵力在名護屋[6]。由於名護屋水源不足，難以維持三十萬人的用量，因此部隊間經常為水源問題爭吵不休。在攻打朝鮮期間，全國諸大名集中在名護屋，名護屋城遂成為當時日本政治經濟的中心。因此吸引許多町職人及商人遷往名護屋城城下町居住，全盛期人口超過十萬人。

文祿之役與慶長之役

名護屋城建成後，豐臣秀吉便急不及待，於同年四月十二日出兵攻打朝鮮，史稱文祿之役。以西國[7]大名為主，共十五萬八千名兵力，分成九隊分批出發。豐臣秀吉自身在四月二十五日抵達名護屋，此後除母親大政

名護屋城的陣屋究竟有多少？

豐臣秀吉集結全國大名前來名護屋，諸大名紛紛在名護屋城三公里範圍內建立陣屋，此數量究竟有多少？按《松浦古事記》記載，共有一百零二座大名陣屋。不過根據後人在當地的發掘及確認，陣屋遺跡總數多達一百一十八個，當中有六十五個仍保留部分遺跡構造，而獲日本指定為特別史蹟的陣屋遺跡，共有二十三個。

所病危時曾短暫回去之外，其餘時間均留在名護屋城，向前線將士發施號令。平常豐臣秀吉會在城內舉辦能樂，在茶室舉辦茶會，也會在瓜田舉行裝扮大會自娛一番。

隨著明朝出兵支援朝鮮，朝鮮戰事遂陷入膠著狀態。面對兵疲及糧食不足，前線無論明軍還是日軍都有意談和，於是明朝的沈唯敬及日本的小西行長，便合力泡製一個互相向對方投降的和談騙局。一五九三年（文祿二年）五月十五日，沈唯敬派遣偽裝的明朝敕使前往名護屋求和，豐臣秀吉遂開出條件讓使者回去。朝鮮之戰暫時告一段落，而豐臣秀吉也趁著豐臣秀賴誕生的機會，於同年八月回到大坂城，從此沒再踏足名護屋城。

正所謂「紙包不住火」，謊話無論有多完美，最終也會被揭穿。一五九六年（慶長元年）九月，明朝正使楊方亨來到大坂城冊封豐臣秀吉為「日本國王」，卻沒答應豐臣秀吉所開出的任何條件。豐臣秀吉大怒，感覺被騙了，不但驅趕明朝使者回朝鮮，更決意再次挑起戰幔。

一五九七年（慶長二年）二月，十四萬日軍再次從名護屋城出發，朝鮮之戰再度爆發，即慶長之役。名護屋城一如以往，擔任補給、聯絡的中轉站，最大的不同是豐臣秀吉並未前來助陣，而是在伏見城（京都府京都市）遙遠指揮。在明朝的再次救援下，日軍戰況比文祿之役更為惡劣。朝鮮南部的戰事呈現膠著，而整件事的始作俑者豐臣

3 | 1 / 2

1｜豐臣秀吉在名護屋期間所棲身的山里丸遺址。
2｜宗義智的居城金石城，圖中櫓門為江戶時代所建。
3｜豐臣秀吉為實踐其朝鮮夢，於名護屋築城，圖為名護屋城本丸一帶。

秀吉，卻在一五九八年（慶長三年）八月十八日逝世。豐臣秀吉一死，日本全國上下都沒人願意再繼續打下去，於是日軍撤退，文祿、慶長之役亦正式畫上句號。

隨著戰事終結，名護屋城的使命亦告完成。全國大名相繼撤離名護屋後，名護屋又恢復到昔日的荒涼。關原之戰後，擁有名護屋的寺澤廣高，將名護屋城拆除，並將物資運往唐津，作為興建唐津城之用。

缺席的明朝使節

明朝萬曆皇帝原本派遣李宗城為正使、楊方亨任副使前往日本，冊封豐臣秀吉為日本國王。不過當兩位明朝使者來到朝鮮釜山的時候，情況卻出現變數。李宗城在得知豐臣秀吉的真正要求後大為驚愕，與沈唯敬的報告有極大的出入，此時李宗城方知自己甚至整個明朝都被沈唯敬所騙。同時釜山正流傳著「豐臣秀吉會扣留明朝使者」的謠言，李宗城深信自己將會如傳言般被豐臣秀吉拘留甚至遇害。正所謂「好死不如賴活」，李宗城於是在一五九六年（慶長元年）六月，從釜山逃亡回國。

整場大騙局的主謀沈唯敬，在李宗城逃逸後非常苦惱，但這場戲還是得演下去，於是讓還在釜山的楊方亨由副使「變成」正使，沈唯敬自己出任副使，繼續上路前往大坂城。順帶一提，和談破局後，萬曆皇帝也知道了真相，同豐臣秀吉一樣怒不可遏，於是將逃回來的李宗城打入大牢，而主謀沈唯敬則在首都北京的市集公開處死。

1 令制國之一，現今長崎縣北部的對馬島。
2 指中國的明朝。
3 令制國之一，現今佐賀縣及長崎縣。
4 同年年末改元文祿元年。
5 臨時軍營。
6 《松浦古事記》。
7 指京都以西地區。

4
5

4｜名護屋城被拆毀後，其物資運往唐津興建唐津城。

5｜當時全國大名在名護屋的陣所多達逾百個，圖為堀秀治陣跡。

上田城

善於計謀、以小博大的真田家

隨著豐臣秀吉的死，天下再次風雲變色。歷史大河突然暴發洪水，失去掌舵者的日本，需要有人帶領走出困局，這位能人究竟會是東軍的德川家康，還是西軍的石田三成勝出？就在兩派大戰（關原之戰）前，一位小大名的計策，竟導致敵軍重要戰力無法趕上主戰場。這位小大名究竟是誰？這個人就是之前文章曾談及過的苦主：真田昌幸。

真田昌幸原為武田勝賴的家臣，在武田家滅亡後，憑著出色的外交及戰略手腕，在大國間周旋生存，發展成北信濃的小大名。正因如此，當初豐臣秀吉命令交出三分之二沼田給予北條氏政的時候，真田昌幸百般不願將拚死拚活搶回來的土地「上繳」。還好也因為北條氏政的貪得無厭，遂有之後的小田原征伐，戰後，豐臣秀吉將沼田賜回予真田昌幸。

時而勢易，日月如梭。豐臣秀吉死世後，天下風起雲湧。豐臣秀吉的重臣石田三成，因不滿關東的德川家康屢屢越權，趁德川家康出兵討伐會津（福島縣會津若松市）的上杉景勝之際，於一六〇〇年（慶長五年）七月在大坂舉兵反抗，石田三成（西軍）與德川家康（東軍）這場關原之戰即將展開序幕。由於石田三成兵微將寡，單憑一己之力，無法擊倒德川家康這位巨人，於是事先召集不滿德川家康的同伴舉兵，接著廣發書信，要求全國諸大名加入反德川家康。真田昌幸也不例外，在隨著德川家康出征的途中，於犬伏（栃木縣佐野市）收到這封邀請信。

真田昌幸收到信後不敢怠慢，找來兩位兒子商討今後去向。不過真田昌幸父子基本上也不用討論，因為三人的妻子已經決定他們的立場。長子真田信幸之妻小松姬為本多忠勝之女，後成為德川家康[1]養女；次子真田信繁（幸村）之妻竹林院，則是西軍主將之一大谷吉繼的女兒。兩位媳婦的婆家分別是兩軍主將，如果不是打仗的話，應該感到自豪，現在卻變成一大煩惱。

至於真田昌幸的妻子山手殿，雖然出身不詳，但相傳與石田三成之妻皎月院為姊妹，亦間接決定了真田昌幸的立場。另一方面，相比權傾天下的德川家康，支持劣勢的石田三成，可以讓真田昌幸有更高的商討空間，以實踐其擴張野心。在各有前提的立場下，真田父子當然沒有共識。結果真田昌幸及真田信繁決定投靠西軍，擅自脫隊回到根據地上田城（長野縣上田市）；真田信幸支持東軍，繼續隨軍出征。

不過對真田昌幸來說，這一抉擇亦非壞事，至少無論誰勝誰敗，都能保住真田一族血脈，對身處戰國亂世家族而言，此舉無可厚非。事實上場關原之戰同樣導致不少大名的家族內部分裂，一些弱勢大名為了保住家族血脈，不得不兩邊押注。

真田昌幸的緩兵之計

真田昌幸父子回到上田城後積極備戰，另一邊，德川家康知悉石田三成舉兵後，兵分兩路西上與石田三成決戰，當然亦乘機收拾真田昌幸，一報昔日神川之戰的戰敗屈辱。德川家康除親率一隊從東海道出發外，另一隊由德川家康三子德川秀忠率領三萬八千大軍，在八月二十四日由宇都宮（栃木縣宇都宮市）出發，經東山道進入上田，討伐真田昌幸，然後進軍美濃[2]。有關德川秀忠討伐真田昌幸為原定方針的新說，可以參考《淺野家文書》及《真田家文書》。

不過當德川家康回到江戶城後，鑑於前線局勢急劇變化，大戰隨時一觸即發，於是在八月二十九日寫信予行軍途中的德川秀忠，改變計畫以趕路為先，約定九月九日在美濃的赤坂（岐阜縣大垣市）會合，然後德川家康在九月一日領軍出征。只可惜人算不如天算，此時甲信[3]一帶連番暴雨導致河川氾濫，德川家康的信使大久保忠益為尋路渡河，不得不繞道，卻因此迷路而耽誤時機，造成日後無法彌補的錯誤。

德川秀忠尚未知道九月九日在赤坂會合的消息，又因河川氾濫，在九月二日才來到小諸城（長野縣小諸市）。正所謂「不戰而屈人之兵」，德川秀忠希望降服真田昌幸，這樣既避免戰爭又能保存實力，因此派遣真田信幸為使勸降，真田昌幸卻相約翌日在

剛柔並濟的小松姬

相傳真田昌幸父子返家途中，經過真田信幸的沼田城，欲入城探望孫子。只是沼田城閉門深鎖，無論真田昌幸怎麼呼喚也沒人搭理。原來信幸的正室小松姬早已知悉真田昌幸父子加入西軍的消息。既然家翁變成敵人，小松姬擔心有智將之譽的真田昌幸會趁機奪取沼田城，於是派人告知拒絕讓他們進城。

真田昌幸家臣得悉後大怒，欲破城門而入之際，沼田城內上至將兵下至女子突然全副武裝出現。與此同時，身穿甲冑手持薙刀的小松姬，站在城上高呼：即使家翁是親人也好，投靠敵方就是敵人，她身為本多忠勝的女兒，就有責任保護夫君的城郭。小松姬這意料之外的舉動，真田昌幸一時間也被說得啞口無言。也許真田昌幸真的有心要奪城，只是靈機一動推說是想探望孫子。當然小松姬亦非省油的燈，怎麼會輕易讓他們進城呢？真田昌幸不得要領，進沼田城無望，只好在附近留宿。

小松姬雖然喝退了真田昌幸，但仔細一想，家翁前來探望自己的孫子亦不無道理。小松姬於是打聽真田昌幸的落腳處，帶著兒子前往拜會，同時嚴命沼田城將士勿鬆懈防守。真田昌幸與孫兒樂聚天倫後，亦心滿意足地回去上田城。真田昌幸對於小松姬的應對感到十分滿意，讚賞這位勇敢媳婦具武士妻子的風範，只要有她在，真田家的未來便感到安心了。

以上內容主要是來自江戶時代出版的《滋野世記》、《改正三河後風土記》等後世史籍，是真是假，就交由讀者自行判斷了。

上田城外的國分寺會面。真田昌幸來到國分寺後，很爽快地答應真田信幸的請求開城投降。正當德川秀忠大為高興之際，卻不知道已悄悄地中了真田昌幸的計略。

九月四日，上田城不但城門深鎖，真田昌幸更挑釁德川秀忠，拒絕投降，這一切都是真田昌幸的「緩兵之計」。真田昌幸利用真田信幸招降，卻將計就計詐降，拖延時間以收集更多糧食及加強上田城的防衛。此舉果然激怒年少氣盛的德川秀忠，二話不說從小諸向上田城進軍。

翌日德川秀忠來到上田，在城外的染屋村布陣。首先派遣真田信幸為先鋒，攻打上田城支城砥石城。當時砥石城由真田信繁所守，當他看到是兄長來襲後，便棄城逃回上田城，讓真田信幸得以領功。德川秀忠乘著攻陷砥石城的氣勢，九月六日開始攻打上田城。

德川秀忠手握三萬八千大軍，而真田父子卻只有三千人。在形勢一面倒的狀況下，結果卻出乎意料之外。此戰缺乏當時史料記載，現今通說的戰況內容大多是後世創作，撇除太誇張的內容不提，以下交代當時的戰況。相傳當日早上，德川秀忠下令讓將兵收割城下的稻米作為挑釁。面對敵軍收割稻米，真田昌幸假裝中計出兵阻止，經過一輪小戰，真田昌幸佯裝不敵，撤退回上田城，德川軍求功心切，不虞有詐，尾隨追擊至城下，卻遭城內守軍伏擊。此時真田信繁突然率兵從城內殺出，直接攻擊德川秀忠，讓德川秀忠陣中一片混亂。但畢竟軍力懸殊，真田信繁也只能「見好就收」，退回上田城。此後在真田昌幸的挑釁下，雙方只做小規模的接戰，德川秀忠在上田猶如陷入一場泥沼戰。

德川秀忠受盡真田昌幸計謀所擺布，完全被玩弄於股掌中。真田昌幸亦深知無法擊潰德川秀忠，從拖延投降到詐降，一再玩弄小計謀的目的就只有一個，就是將德川秀忠大軍釘在上田，拖延其行軍速度，好讓前線西軍減壓，最終目標是令德川秀忠無法趕及前線決戰。

至於消失的大久保忠益呢？他足足花費了十天的時間，好不容易終於在九月八日來到德川秀忠本陣，將「九月九日於美濃赤坂會合」的書信交到德川秀忠手上。德川秀忠拿上手一看，當下懷疑自己的眼睛是不是花了，九月九日會合豈不是明天嗎？此時德川秀忠才驚覺已在上田耽誤了不少時間，自知闖禍，當然二話不說，立刻從上田撤軍到小諸，整頓妥當後於九月十一日出發趕路。

關原之戰後真田家的結局

德川秀忠倒楣起來自是諸多不利，雖然拚命趕路，但因河川嚴重氾濫以致無法通過而需繞道。九月十五日關原之戰爆發當天，德川秀忠終於來到信濃的馬籠（岐阜縣中津川市），無法趕上關原決戰，真田昌幸的計略成功了。

不過真田昌幸千算萬算，卻算漏自己的隊友不爭氣。西軍不單在關原主戰場戰敗，且是僅僅一天便全面崩潰，讓真田昌幸的計略變得毫無意義……

至於德川秀忠結果如何？德川秀忠當然不知道關原之戰已經爆發，繼續拚命趕路。當德川秀忠趕到赤坂的時候，已經是九月十九日、關原之戰四天後的事了。不要說關原沒半個西軍兵將身影，甚至連石田三成的根據地佐和山城（滋賀縣彥根市）都被德川家康所攻下，德川秀忠連最後的表演機會也沒了。

最終德川秀忠在翌日追上德川家康，德川家康對於兒子未能趕上關原之戰自是怒不可遏，拒絕接見。經過榊原康政從中斡旋後，九月二十三日，德

德川秀忠行軍遲緩的另一個理由

根據歷史學家楠戶義昭的說法，德川秀忠行軍遲緩無法趕上關原決戰，除了被真田昌幸拖延時間、中山道道路崎嶇，以及大雨導致河川氾濫等因素外，另外一個可能性就是：缺錢。楠戶義昭指出，德川秀忠所準備的軍資金，不足以應付全程中山道行軍所需，因此不得不停留在小諸城，下令本多正信向江戶調動資金後再啟程。這也正好解釋了為何德川秀忠在九月九日回到小諸後，停留兩天才趕往赤坂。

1
2

1｜真田昌幸父子死守上田城，力抗德川大軍的攻勢，圖為上田城本丸大手門。

2｜真田信幸妻小松姬，曾拒絕打開沼田城讓真田昌幸進入，圖為沼田城址。

川家康才准德川秀忠會面謝罪。德川家康對於德川秀忠過分拚命趕路，以致軍隊散落凌亂不成隊型大為不滿，斥責德川秀忠萬一關原戰敗，其大軍便是復仇戰主力，軍容不整又如何作戰呢？[4]當然德川家康氣歸氣，最後還是原諒了德川秀忠。

如果當初大久保忠益沒遇到阻礙，趁德川秀忠來到小諸時遞上書信，德川秀忠在九月二日便能留下部分兵力防備上田，繼續趕路。在提早九天上路的情況下，德川秀忠大約在九月十日抵達赤坂，便能與其他東軍匯合趕上戰役。當然，歷史是沒有如果的……。

真田昌幸雖然計略成功，但是世事不如預期。不單西軍戰敗了，還同時得罪德川家康父子。德川家康對於德川秀忠未能趕上關原當然怒火中燒，但追根究柢，是真田昌幸從中阻撓，於是決定要處死真田昌幸及真田信繁來消氣，幸而真田信幸身為東軍成員，拚死請求德川家康饒恕兩人死罪。而後德川家康決定軟禁真田昌幸父子於紀伊[5]的九度山（和歌山縣伊都郡），終其餘生。

德川家康歷經多年辛酸，在關原之戰擊敗石田三成，一舉掃除敵對勢力，繼織田信長及豐臣秀吉後成為新天下人！德川家康在一六〇三年（慶長八年）二月十二日，繼源賴朝及足利尊氏後，開創日本史上第三個幕府：江戶幕府。德川家康的根據地江戶，自此也變得越來越重要。

1 一說是德川秀忠。
2 今制國之一，現今岐阜縣。
3 甲斐與信濃兩國合稱。
4 《板坂卜齋覺書》。
5 今制國之一，現今和歌山縣。

4 | 5 | 3

3 | 真田昌幸曾在信濃國分寺，向德川秀忠詐降以換取時間加強城內防備。
4 | 真田信幸曾攻下上田城的支城：砥石城。
5 | 真田昌幸父子被流放至九度山，真田昌幸最終在此終老，圖為真田昌幸在九度山真田庵的墓所。

砥石城跡
昭和四十四年五月十五日指定

一礼
合掌

江戶城

躍足全國以至世界的大都會

德川家康在關原之戰擊敗石田三成，三年後的一六〇三年（慶長八年）二月十二日，開創江戶幕府，為日本帶來前所未有長達兩百六十四年的和平盛世。在德川家康成立江戶幕府後，其根據地江戶變得益發重要，於是著手改造發展這個鄉下小鎮，為現今眾人周知的大都會東京，奠下良好根基。

江戶的歷史

江戶這個地名，最早可見於平安時代末期，秩父重綱四子成為領主後，就地取材改名江戶重繼，後人亦以江戶氏自居，明確史料見於鎌倉幕府末期的歷史書《吾妻鏡》。至於為何叫江戶？也是眾說紛紜。有說「江」指河川；「戶」有入口之意，兩者結合就是河川的入口。大家把東京地圖拿來一看，不難發現當地擁有神田川、中川等眾多河川入口因而得名。同時戶也有港口的意思，無論是隅田川、荒川等河川，最終流向東京灣，江戶也是有港灣河口之意。

江戶從江戶重繼在櫻田（東京都港區）設立城館開始發跡，不過江戶氏在經歷鎌倉幕府，踏入室町幕府後，因分裂而衰落，就連城館也失去了。直至一四五六年（康正二年）太田資長入主江戶，江戶再度受到重視。說起太田資長的名字可能沒多少人認識，但談到其日後出家的法號：道灌，就應該不少人聽過這位一代名將了。

時值關東爆發享德之亂，為防範古河公方的入侵，太田資長在江戶氏的舊館附近重建江戶城（東京都千代田區），選擇以江戶為重心發展。太田資長活用江戶河道縱橫交錯的特點發展水運，成為當時關東著名的港口。將北關東內陸的豐富資源，經河道至江戶做中轉站，再經水運出港輸送至鎌倉、小田原，以至西國地區。

在太田資長的努力經營下，江戶遂以平川一帶（東京都千代田區）小村落為中心，慢慢發展城下町，其中宿場町在戰國時代被稱為「大橋宿」。太田資長還整頓與河越（埼玉縣川越市）及小田原之間的街道，令江戶陸路交通更方便。之後京都爆發應仁之亂，太田資長更招攬逃難的學者僧侶來江戶落根。因此當萬里集九、宗祇、宗牧等戰國時代初期的著名文化人前往關東時，都會走訪江戶觀摩見識。

可惜江戶自太田道灌於一四八六年（文明十八年）七月二十六日被主君上杉定正暗殺後，逐漸走向衰落。之後的上杉氏及北条氏，並未以江戶為重心大加發展。話雖如此，江戶在太田道灌奠定良好的根基下，即使衰落，但仍能繼續發揮其南關東交通樞紐的角色。豐臣秀吉在小田原征伐後，正如前述將北条氏政原有的大部分關東領地交由德川家康接管。不過對於德川家康來說，卻是千萬不願意：畢竟取而代之是要交出自己的故鄉三河以及拚死打回來的土地。縱使領地比以前更大、收入更豐，但不少地方仍屬未開發的狀況，亟需重新規畫發展。

♜ 歷經德川家三代打造

一五九〇年（天正十八年）七月二十三日，德川家康聽從豐臣秀吉建議，將居城遷至江戶[1]。德川家康來到江戶的第一件事，並非擴建這座腐朽的江戶城，而是整頓目前的城下町。德川家康把江戶的地圖拿來一看，便對當地的地理環境感到頭疼。此時的德川家康，已是豐臣秀吉所信賴的重要盟友，需要協助打理天下，因此在江戶的時間也不多。德川家康只好先解決燃眉之急：興建新城下町安置家臣，以及確保江戶城的補給。很快地，德川家康便想出一個兩全其美之策。

翌月德川家康下令，從江戶城和田倉門至隅田川之間，興建一條運河，藉漕運確保江戶城補給。由於這條運河沿岸住著江戶幕府侍醫：第二代曲瀨直道三，世人遂命名為道三堀，直至一九〇九年（明治四十三年）才被填平。之後利用運河掘出來的泥土，平整兩岸土地，並先後建立本町、四日市町及柳町等新區（東京都中央區），安置家臣及百姓。此後德川家康無暇細想，無論是對江戶城還是城下町，都是略為修繕改造，接著便趕到大坂協助豐臣秀吉。江戶要真正發展起來，已經是江戶幕府成立後的事了。

轉眼間，豐臣秀吉一死，德川家康取代豐臣秀吉成為天下人。德川家康建立江戶幕府後，江戶的政治重要性立即大為提升。德川家康回望江戶這塊「鄉巴地」，有失門面，決意大肆擴張發展，意圖將江戶打造成一個不輸京都大坂的繁榮都市。他的首要工作，便是動員全國諸大名，興建一座大天守以彰顯其威。一六〇七年（慶長十二年）江戶城五層天守竣工。

德川家康回望昔日那張不堪入目的江戶地圖苦思良策，當時江戶城東北面有神田山（東京都千代田區）；東南面是日比谷入江（東京都千代田區）這個河港，於是德川家康又想到一個一箭雙雕之策：移山填港！移平神田山並將泥土填平日比谷入江這個河港，令江戶城無論東北面還是東南面都形成一個廣闊的城下町，得以大加發展。這項工程一聽就知道相當龐大，但對德川家康來說不是問題，自己應付不了，當然是召集全國大名一起。如此一來，德川家康既能好好安置家臣，同時亦拉攏來自各地的百姓及職人聚集江戶，讓江戶得以急速繁榮。江戶幕府有見及此，一六一二年（慶長十七年）重新規畫江戶城城下町；一六二三年（元和九年）禁止百姓居於武家地區；一六三五年（寬永十二年）落實參勤交替制度後，另設諸大名屋邸安置全國藩主。在全國藩主藩士湧至江戶生活後，江戶城下町得以進一步擴張。

江戶的改造沒有因德川家康逝世而停止，繼任的第二代將軍德川秀忠，為確保江戶東北面的防禦，改造平川等河道，並擴張昔日的神田山為神田台地。

第三代將軍德川家光，為鞏固江戶城西面外郭，開鑿外濠引入溜池（東京都港區）及神田川等河水，將城下町進一步擴張至赤坂（東京都港區）、牛込（東京都新宿區）一帶。在全國外樣大名的動員下，整個江戶的發展終於在一六四〇年（寛永十七年）完成首階段。

日本唯一「の」字型城郭城下町

江戶城與許多近世城郭的最大不同之處，並非如平常所見的矩形或是不規則形狀，而是以日文「の」字型建築城郭城濠，並利用沿海地形的天然屏障，發展出一座獨一無二的「の」字城。從城內到城外城下町有著明顯的階級限制，從江戶城本丸將軍居所開始，順序為親藩、譜代大名、外樣大名、旗本御家人[2]及百姓，如「の」字型的海螺般向外擴展，越在外圍面積越大，從高空望下去則形成一幅有趣的「の」字地形圖。

德川家康原本打算以江戶城外郭城濠設為總構[3]，包圍保護城內及城下町。不過隨著江戶幕府迎來太平盛世，總構的重要性逐漸下降。江戶城下町在和平的日子下發展迅速，在土地不敷使用下，早已越過總構對外擴張，讓總構失去原本的意義。

此時江戶城最外圍的城下町大致分為兩部分，北面的山之手（東京都千代田區）及東面的下町（東京都中央區）。江戶時代早期，便流傳著「旗本居住山之手百姓居於下町」這個說法，不過隨著江戶急速發展。江戶時代中期兩地已經沒有明確區分。

江戶在擴張領域的同時，其水利工程亦進行得如火如荼。上游利根川因河道問題經常氾濫，連累到下游的江戶，因此江戶幕府授命伊奈忠次負責整治河道。伊奈忠次提出了一個大膽的計畫：利根川改道。在伊奈忠次及後人的努力下，開鑿疏通利根川，改變流向，由南往江戶改變為東往銚子（千葉縣銚子市），成功解決江戶河川氾濫的問題。另一方面，由於江戶靠近海邊的緣故，單靠井水不足以支撐江戶人的需要，因此物色儲水池及建設水道便顯得十分重要。江戶幕府利用赤坂溜池作為儲水池，並先後建設神田上水、玉川上水等江戶六水道。當一六九六年（元祿九年）千川上水完工後，江戶的水利工程大致完成，從此江戶人不但沒有缺水危機，更以其水道系統為自傲。

浴火重生的江戶城

正當江戶幕府經歷三代完成江戶城規畫後，可惜好景不常，一六五七年（明曆三年）一月十九日的「明曆大火」，將他們的心血燒毀了。這場大火燒毀江戶六成的地方，包括代表江戶城象徵的天守。大火後，江戶幕府亦以此為契機，為防止大規模火災重演，重新規畫改造江戶，將武家屋邸、大名屋邸及寺院神社遷移。當中最著名的，就是將原本位於江戶城半藏門內吹上的「御三家」[4]屋敷，遷出半藏門外的紀尾井町，將原有的屋敷改造成庭園，利用廣闊的空間阻止火勢蔓延。當中紀伊藩、尾張藩及彥根藩遷至清水坂，後人遂將這一帶稱為「紀尾井坂」。

江戶幕府一直以防衛為由，讓東面的隅田川只有一條千住大橋連接對岸。在汲取明曆大火的教訓後，基於交通及安全考慮，准許在隅田川上興建兩國橋及永代橋（同屬東京都中央區），進一步將江戶擴至隅田川東岸的深川（東京都江東區）等地。同時，不少江戶居民遷往上野、淺草一帶（同屬東京都台東區），昔日位於日本橋人形町（東京都中央區）的吉原遊郭，則遷徙至淺草外圍建立新吉原遊郭。部分江戶居民則遷至更遠的吉祥寺（東京都武藏野市）及下連雀（東京都三鷹市）等郊外地區，最終亦成為江戶的一部分。

江戶經歷不斷發展，城下町數目多不勝數，因而有「江戶八百八町」之譽。江戶人口也由江戶幕府建立之初約六萬人，暴增至十九世紀初逾百萬人，成為當時媲美北京、廣州、倫敦等世界級的大城市。[5]一八七七年（明治十年）日本政府統計全國都市人口，當時東京（江戶）人口數多達一百零七萬人[6]。龐大人口亦造就江戶百姓們多彩多姿的生活文化，造就葛飾北齋等著名浮世繪畫師誕生。

當時江戶為日本最大的消費地區，藉著水陸兩路便利運輸，打造與全國各地農村城市聯繫的大市場，其經濟重要性不言而喻。各地百姓因此憧憬，前往江戶尋找機會過好日子。

江戶的風水學

為何江戶幕府能建立長久穩定政權，而不像上兩代幕府短命及混亂呢？有說當初德川家康入主關東前，曾命令僧侶天海，利用風水學尋找合適的根據地。天海於是力薦江戶這塊符合「四神相應論」的「風水寶地」，最終德川家康落腳江戶。當初江戶東面青龍為神田川、西面白虎為東海道、南面朱雀為日比谷入江、北面玄武為麴町台地；後來江戶在「明曆大火」後進一步擴大領地，亦按照四神相應論布置格局，東面青龍為大川（隅田川）、西面白虎為甲州街道、南面朱雀為江戶灣、北面玄武為本鄉台地。

此外，相傳江戶幕府為配合風水格局，將一些寺院遷移。例如將祭祀平將門的神田神社，由大手門前遷往江戶城的鬼門駿河台，供奉它以保護江戶安泰；日枝神社則遷至有裏鬼門之稱的赤坂。之後，僧侶天海仿效京都在鬼門比叡山建設寺院的做法，於一六二五年（寬永二年）在江戶的鬼門：上野，建立寬永寺。寺號按照延曆寺的做法，取自當時年號：山號為東叡山，寓意東方的比叡山。

3	1
4	2

1｜在江戶城附近的東京國際論壇內，設有太田道灌銅像，而他所望的方向正是江戶城。

2｜江戶在江戶幕府的治理下，從小鄉鎮成為全國首屈一指的大城市。圖為江戶城後期作為代用天守的富士見櫓。

3｜江戶城和田倉門跡，昔日其門下水濠連接道三堀通往隅田川。

4｜重建後的江戶城，將部分重要大藩居所遷至紀尾井坂，圖為紀尾井坂的尾張德川家遺址。

和田倉門跡

尾張名古屋藩屋

同時江戶亦得利於參勤交替制度，藉全國大名之手，不但活化江戶及沿路地區的經濟，亦促進各地間文化交流。江戶在毋須外求的情形下，形成一個循環型社會。江戶人世世代代在江戶生活，受環境影響形成不拘小節、任性、性急易怒等性格特質。

1 為容易記住，江戶幕府在八月一日正式舉行入城儀式，並定下「八朔」節每年慶祝。
2 不足一萬石俸祿的將軍家直屬家臣，旗本則具有直接謁見將軍資格。
3 城郭範圍的總界限。
4 地位僅次於將軍家的三大親藩，當時為：尾張藩、紀伊藩及水戶藩。
5 甚至有說為當時全世界人口最多的城市。
6《東京府統計表》。

驚人的高識字率

在江戶幕府末期，江戶成年男性識字率逾七〇%，遠超同期倫敦（二〇%）、巴黎（不足一〇%）等地，被稱為世界上擁有極高教育水準之地。究其原因，在於寺子屋的普及，讓江戶人能學習基本的日文文字。一般官方公告會以文書形式，刊在高札場上，方便大眾閱讀。同時，報紙的前身「瓦版」及租書店均受到江戶人的歡迎，都有助於提高識字率。江戶不只武士識字，連農民也喜歡唱和歌自娛。至於當時全國平均識字率，推算大概只有二〇%至五〇%。

5｜江戶城天守台，自1657年（明曆3年）明曆
大火後沒再重建天守。

大坂城

大坂雙陣與亂世的終結

德川家康開創江戶幕府後，努力將江戶發展成一個大都市。不過對身處大坂的豐臣家而言，無視大權旁落勢力江河日下的事實，仍以昔日天下人自居，拒絕臣服江戶幕府。

為了追善供養豐臣秀吉，淀殿（茶茶）及豐臣秀賴母子在德川家康的建議下，重建京都方廣寺大佛殿，另外為方廣寺鑄造梵鐘。一六一四年（慶長十九年）四月梵鐘完成，大名片桐且元將梵鐘上的銘文，交由南禪寺僧侶文英清韓負責，不料此梵鐘卻成為豐臣家的喪鐘。

當片桐且元將梵鐘銘文給德川家康過目時，德川家康感覺銘文有點奇怪，於是將銘文交給京都五山的僧侶及儒學家林羅山進行解讀。不看猶自可，一看就出大事，銘文上寫有「國家安康」字句，將德川家康實名拆開。文英清韓曾為此解釋「國家安康」是「隱題」，藉由將名字拆開，隱含向德川家康祝福之意。

然而文英清韓解釋是一回事，大眾會否接受又是另一回事。五山僧侶指摘把實名拆開寫入銘文，從無先例，做法不當；林羅山批判更為毒辣，認為是詛咒德川家康[1]，連同後面「君臣豐樂」，解讀豐臣家長久興盛。德川家康聽聞這些負面隱喻後，更是不悅。

豐臣家有見於此，同年八月派遣片桐且元解釋，卻慘遭閉門羹。片桐且元雖然最終獲得接見，但身處兩勢力之間的他猶如磨心，知道唯有豐臣家向德川家康低頭才能平息怒火。片桐且元回到大坂後，苦思三個議案讓淀殿選擇，包括：豐臣秀賴前往江戶進行參勤交替、淀殿留在江戶為人質、豐臣秀賴轉封離開大坂城（大阪市中央區）。

淀殿聽罷怒火中燒，不但拒絕，更認為片桐且元背叛她。接著大坂城內流言四起，傳出有人企圖暗殺片桐且元！雖然豐臣秀賴出面調停，但片桐且元對於淀殿徹底死心，決定離開大坂城，這下子豐臣家所有人都認定其不忠。片桐且元在大坂城四面受敵，遭受欺凌，不得不於十月一日逃往茨木城（大阪府茨木市）。

就在片桐且元離開大坂城的當天，他在大坂城的遭遇傳至駿府（靜岡縣靜岡市）。片桐且元本身也是江戶幕府的外樣[2]大名，德川家康得知片桐且元不但宅邸被破壞，甚至有性命危險後，眼見豐臣家已交涉無望，便以片桐且元被逐離大坂城一事為由，在同日命令全國大名出兵討伐豐臣家，大坂冬之陣正式展開序幕。

大坂冬之陣

正當德川家康廣發檄文出兵大坂之際，淀殿也不甘示弱反擊，發信邀請全國大名及浪人加盟，同時收購武器軍糧、修築城櫓外牆，並沒收江戶幕府等諸大名在大坂的米糧以備戰事。淀殿深信昔日豐臣秀吉所建造的大坂城固若金湯，即使德川家康傾全國之力來犯，也能輕易擊退。只可惜天下早已歸向江戶幕府，全國大名無人願意挺身公開支持豐臣家。

不過豐臣家藉著龐大財富，成功招覽大量失意浪人進入大坂城，豐臣家總兵力增至約十萬人。這班浪人不少是昔日關原之戰的西軍敗將，亦有一些被諸大名所遺棄的失意之士，都是身經百戰之輩。最著名的包括真田信繁（幸村）、後藤基次（又兵衛）、長宗我部盛親、明石全登及毛利勝永所組成的大坂五人眾。

真田信繁等人深知大坂城雖堅固無比，但守城戰決非長策。主張主動出擊占領近畿，斷絕江戶幕府與西國的聯繫，並趁此遊說動搖的大名加入。不過大野治長等豐臣家重臣，只想利用守城讓江戶幕府久攻不下，再進行對豐臣

豐臣家究竟多富有？

當年豐臣秀吉統一天下，將全國金銀礦山據為己有，並將開採的金銀存於大坂城。其後淀殿母子不斷揮霍，先後重建及修復達八十五座寺社。然後大坂冬之陣與夏之陣兩場戰役期間召募達數萬浪人入城，加上購買糧食軍備及進行防禦工事等，相信應該花費不少金錢吧？結果豐臣家滅亡後，江戶幕府點算大坂城內遺產，單是金銀價值便約兩百億台幣[3]，這還未計算銅錢及其他頗具價值的財產，可想而知豐臣家的財力其實是非常龐大，結果讓江戶幕府獲得一大筆意外之財。

家有利的和談。既然方針已定，浪人們只能乖乖築砦準備守城戰。此時真田信繁發現大坂城南面平原為弱點，容易成為敵人目標，於是在大坂城東南面平野口外另建出城[4]防禦，一方面以出丸吸引敵軍，另一方面藉著出城協防彌補弱點，後世遂稱此為「真田丸」。

德川家康在十月十一日從駿府率兵出發，此時豐臣軍試圖鑿開淀川堤防水淹大坂，讓大坂城猶如浮城以便防守。不過被江戶幕府發現阻止，成效不如預期，只能略微拖延一江戶幕府軍的行軍速度。最終江戶幕府集結全國大名為數約二十萬大軍於大坂城外圍，德川家康將本陣設在茶臼山陣城（大阪市天王寺區）。十一月十九日，江戶幕府軍從木津川口（大阪市大正區）開始爆發激戰，大坂冬之陣一觸即發！

江戶幕府在攻陷數個砦後，十一月三十日豐臣軍決定放棄其他砦，死守大坂城，戰事正式演變成圍城戰。十二月三日江戶幕府軍針對真田丸發動攻勢，在真田信繁的活躍下被擊退。江戶幕府一時三刻無法攻陷大坂城，戰事如豐臣家所願陷入長期戰。

由於當地糧食已被豐臣家收購，江戶幕府遂陷入兵糧不足窘境，加上天氣漸趨寒冷，不利大軍野外駐守。德川家康眼見強攻不成，改為軟攻，試圖逼使豐臣家投降和談。德川家康下令軍隊每晚分別在酉時（下午五點到七點）、戌時（晚上七點到九點）及寅時（上午三點到五點）向大坂城起鬨鳴槍，逼使大坂城內整夜緊張不得安眠，據說江戶幕府軍的起鬨聲，遠至京都也聽得到。經過連夜威嚇後，德川家康在十二月十日向大坂城發射矢文催促投降。另一邊豐臣家雖然處於優勢，但同時面對兵糧及彈藥不足問題，於是向江戶幕府討價還價，要求增加領地養活浪人。

對於豐臣家乘機敲竹槓，德川家康聞訊大怒，於是升級戰事。江戶幕府於十二月十六日架設達一百門大砲，砲擊大坂城御殿。除國產大砲外，還有分別來自英國及荷蘭的「舶來品」。江戶幕府連番轟炸終見成效，砲彈擊中御殿，導致八位侍女喪生，目睹這一切的淀殿也不得不同意展開和談。十二月十八日，江戶幕府派遣本多正純及德川家康側室阿茶局為代表；豐臣家則以淀殿的妹妹常高院為使者進行和談。十二月二十日交換誓書達成和約，大坂冬之陣終告一段落。

按照和議，豐臣家僅補留大坂城本丸，須將二丸及三丸拆除[5]，並將外圍的東、南、西三面水濠填平。至於江戶幕府則確保豐臣秀賴安全及維持其領地，亦不追究大坂城內將士罪責。

這場和談問題在於拆除大坂城城郭，和談內容是二丸由豐臣家拆除，三丸由江戶幕府清拆。在德川家康命令下，諸大名及大坂居民填平三丸城牆外濠。不料眾人拆得興起，連二丸也擅自拆除，屋敷設備等也無一倖免。德川家康一直關心清拆情況，在撤兵返回駿府途中不停打探進度，結果在眾人的努力下，一六一五年（慶長二十年）

一月二十三日，大坂城二丸三丸終於被拆光光，變成空地，諸大名終於能各自回國休息。

大坂夏之陣

雙方戰後各懷鬼胎，德川家康回到駿府後，命令國友村（滋賀縣長濱市）鍛冶大砲，為日後再啟戰事做準備。另一邊，豐臣家亦無解散及管束浪人，浪人在大坂四處生事作惡，更有傳聞向京都伏見等地放火。豐臣家部分家臣不滿德川家康私自清拆二丸，遂破壞和約私下重修城牆水濠等防禦工事。

三月十五日江戶幕府為懲罰豐臣家破壞和約，要求豐臣家解雇浪人並接受轉換封地。當豐臣家在四月五日拒絕江戶幕府的要求後，戰事已無可避免，於是江戶幕府再次號召諸大名出兵討伐豐臣家，大坂夏之陣正式爆發。

拆除二丸的疑雲

有關清拆大坂城二丸一事，從來說法是德川家康為強拆二丸，故意曲解和約內容，因手段卑劣為後世指責。不過這說法只見於江戶時代書籍，在當時史料並無相關記載。從當時負責清拆的伊達政宗、細川忠利等大名來往書信中，談到有關清拆二丸時過程順利，並無提及豐臣家曾就此事不滿或做出阻撓。因此笠谷和比古等歷史學者認為，不排除拆除大坂城二丸是豐臣家與江戶幕府共識，因此豐臣家才默許江戶幕府的行動。

當江戶幕府決定出兵之際，豐臣家在主戰派主導下，決定與江戶幕府一決雌雄。四月十二日大坂城再徵召浪人搜購軍備，並重新挖濠建設防禦工事，此時大坂城兵力約七萬八千人。由於大坂城二丸及三丸早已被拆，僅餘下本丸儼如裸城，難以抵擋江戶幕府軍。大坂五人眾於是建議主動出擊，在大坂城外與江戶幕府軍決戰，看準機會取下德川家康首級。

四月二十二日德川家康、德川秀忠父子齊集二條城召開軍議，此時江戶幕府軍集結諸大名兵力達十五萬五千名，比豐臣軍多近一倍。不過豐臣軍並未因此退縮，主動出擊，分別攻下大和郡山城（奈良縣大和郡山市）及堺港（大阪府堺市）後放火撤退。不料在四月二十九日企圖入侵紀伊[6]時，卻被淺野長晟於樫井（大阪府泉佐野市）擊敗，自此豐臣軍轉攻為守，防範江戶幕府軍。

五月五日，德川家康從京都出發討伐豐臣家，出陣之際命令軍隊只需帶三日糧食，似乎預料這一戰將速戰速決。果不期然，五月六日江戶幕府軍分別在道明寺（大阪府藤井寺市）、八尾（大阪府八尾市）等地與豐臣軍交鋒，結果豐臣軍戰敗，後藤基次等人戰死，豐臣軍撤退至大坂城附近布防。

兵法有日：什麼兵最可怕？不怕死的士兵最可怕！豐臣軍將士一心求死，為江戶幕府軍穩操勝券的一面倒戰局帶來變化。五月七日決戰，豐臣軍分別在天王寺及岡山兩地，直撲德川家康及德川秀忠的陣地。在毛利勝永的突擊下，德川家康的前線部隊不敵而陷入混亂。真田信繁眼見機不可失，遂擺脫松平忠直的糾纏，三度突擊德川家康本陣。德川家康突然受到真田信繁突襲陣腳大亂，混戰中德川家康被嚇得連忙後退逃命。德川家康自三方原敗戰以來，久未嚐過如此滋味，更有傳一度欲切腹自盡而被制止。德川家康本陣受襲，諸大名自然趕來救援，在恢復冷靜後，德川家康重整陣容

真田信繁戰死地並非安居神社？

由於真田信繁曾一度逼得德川家康差點自盡，其奮勇作戰犧牲形象一直深入民心，後世不少故事書以真田幸村之名歌頌其事蹟。提到真田信繁，許多人都知道真田信繁最後在安居神社（大阪市天王寺區）戰死。一般認為真田信繁在突擊德川家康本陣失敗後，身疲力竭來到安居神社休息之際，被松平忠直的鐵砲組頭西尾宗次發現，無力再戰的真田信繁，決意讓西尾宗次拿取自己的首級。

不過這個沿用多年的說法，近年卻受到新挑戰。根據越前藩松平家古文書《松平文庫》記載，真田信繁並非在安居神社休息，而是在生玉（生國魂神社附近）與勝鬘（勝鬘院附近）之間的高台一帶（大阪市天王寺區）。此時西尾宗次遇上真田信繁，還不知道其身分遂上前單挑槍戰，結果筋疲力盡的真田信繁成為西尾宗次槍下亡魂。西尾宗次拿下真田信繁首級回去，後來軍中有人曾侍奉真田家，才得知這顆首級原來是曾令德川家康聞風喪膽的真田信繁之首。

2 | 1
3 |

1｜豐臣家昔日居城大坂城。圖為1931年（昭和6年）重建的大阪城天守，融合豐臣德川兩代天守建築風格。

2｜真田信繁在大坂城外興建真田丸防禦，圖為三光神社內真田幸村（信繁）銅像。

3｜方廣寺鐘銘上刻有「國家安康君臣豐樂」（白字）字句。

反擊，真田信繁難敵眾人圍攻，最終戰死沙場。另一邊的德川秀忠亦一度被豐臣軍攻入，在黑田長政、加藤嘉明等大名救援下重整軍勢擊退豐臣軍。豐臣軍在天王寺及岡山均以敗戰告終，殘兵只能逃入大坂城本丸死守。

豐臣家的結局

當豐臣軍兵敗逃入大坂城本丸之際，松平忠直尾隨攻入大坂城本丸。同時大坂城主管廚房的台所頭大角與左衛門暗通江戶幕府，在大坂城城內廚房縱火。火勢一發不可收拾，竟將大坂城天守等設施燒毀。豐臣秀賴、淀殿及一眾家臣，只好逃往城內山里丸米倉，結果當夜米倉被江戶幕府軍包圍。在逃離天守之時，大野治長將豐臣秀賴妻子千姬[7]送回給德川家康，希望藉著千姬的請求，讓德川家康赦免豐臣秀賴死罪。不過這時德川家康為免放虎歸山，決意斬草除根，拒絕千姬求饒。

五月八日，豐臣家眾人得知德川家康的拒絕後。萬念具灰下豐臣秀賴及淀殿，連同大野治長、毛利勝永等一眾豐臣家家臣浪人相繼自盡，大坂夏之陣正式結束。當年豐臣秀吉所建立的偉大家業猶如曇花一現，僅兩代就煙消雲散。

江戶幕府消滅豐臣秀賴後，自此全日本大名皆歸順旗下。為了慶祝自應仁之亂以來持續不休的亂世終於結束，江戶幕府遂將年號由慶長改為元和，世稱「元和偃武」，彰顯正式踏入和平的江戶時代。

始作俑者文英清韓下場

作為大坂之戰導火線的方廣寺鐘銘事件，其始作俑者文英清韓的下場又如何？文英清韓闖下大禍後，大坂之戰時選擇留在大坂城，戰後過著逃亡生活不幸被捕，最終被江戶幕府囚禁於駿府至一六二一年（元和七年）鬱鬱而終。

1 戰國時代一般人直接稱呼別人實名是失禮行為。

2 關原之戰後投靠德川家康的大名，在大名地位比親藩及譜代為低。

3 約兩萬八千枚金（約二十八萬兩）及約兩萬四千枚銀（約二十四萬兩）。此數字出自《駿府記》。

4 保護出入口的小城寨。

5 一說僅拆除三丸。

6 令制國之一，現今和歌山縣。

7 德川秀忠長女。

5 | 4

4｜通說真田信繁最後在安居神社戰死，後人在神社內建立「真田幸村戰死跡之碑」。

5｜豐臣秀賴與其母淀君最後在大坂城的山里丸自盡，後人建立石碑憑弔。

原城

江戶幕府最大暴動「島原之亂」與日本鎖國之始

自江戶幕府消滅豐臣家後，全國諸大名無人再敢反抗江戶幕府。雖然在江戶幕府權威下一片和平，唯背後仍殘存著戰國時代所遺留的問題，天主教就是其中一個「不定時炸彈」。就在江戶幕府第三任將軍德川家光時期的一六三七年（寬永十四年），席捲九州的島原之亂終於爆發。

江戶幕府起初並不反對天主教傳播，德川家康更重用葡萄牙傳教士陸若漢（João Rodrigues）。正所謂「人怕出名豬怕肥」，德川家康在對外貿易信任陸若漢，自然引起其他人眼紅，不斷中傷陸若漢藉貿易宣教。讒言聽多了，德川家康也不得不對陸若漢猜忌，結果在一六一〇年（慶長十五年）把陸若漢驅逐出國至澳門。

此後德川家康懷疑日深，認為天主教企圖利用陸若漢干預江戶幕府。偏偏此時發生岡本大八事件，卻令天主教處境火上加油：島原（長崎縣島原市）的日野江（長崎縣島原市）藩主有馬晴信，被揭發向小山（栃木縣小山市）藩士岡本大八行賄，結果在兩人互相出賣下，分別犯上不同罪行受刑。由於兩人同是天主教徒的關係，遂令德川家康決心鎮壓天主教。一六一二年（慶長十七年）三月二十一日，就在岡本大八被處死當天，江戶幕府首先在江戶、京都及駿府實行禁教令。

事件主角有馬晴信熱心信仰天主教，積極宣揚教義，因此島原一帶天主教盛行，領民紛紛改宗。有馬晴信的嫡子有馬晴純避過處分，自然配合江戶幕府禁教政策，但部分家臣不滿有馬晴純決定，遂辭官成為日野江及島原當地百姓。自此島原為數眾多的天主教徒，不得不轉為地下化活動。

天草時貞的神話

一六一四年（慶長十九年）七月，有馬晴純轉封至延岡（宮崎縣延岡市），日野江藩由松倉重政統治。早在同年年初，江戶幕府的禁教令推至全國，松倉重政上任後自是不手軟地大力禁教。此外，松倉重政野心很大，一方面計畫獨力遠征呂宋島；另一方面嫌日野江城太小，決定在島原另建島原城，並易名島原藩。松倉重政為應付龐大開支，只好不斷提高領民年貢。對於拒絕棄教的天主教徒及無法繳貢的農民百姓，松倉重政一律對他們施以酷刑。松倉勝家繼承島原藩後，仍延續其父這種苛刻強硬的作風，令島原百姓苦不堪言。

與島原一海之隔的天草（熊本縣天草市），原本由天主教大名小西行長統治，因此天草不乏天主教信眾。關原之戰後，小西行長被斬首沒收領地，部分家臣遂落戶天草生活。天草由唐津藩（佐賀縣唐津市）接管後，藩主寺澤堅高遵從江戶幕府命令，大力鎮壓天草的天主教徒，加上當地能夠繳納的石高[1]數被誇大，導致年貢過高，令天草農民敢怒不敢言。在動亂爆發前數年，島原、天草一帶作物歉收出現飢荒，無論松倉勝家還是寺澤堅高，都拒絕寬減年貢，令百姓怨氣加深。

島原、天草的百姓之中，不少是原仕奉於有馬晴純及小西行長的浪人。早已對藩主不滿的他們，暗地裡聯絡同樣不滿的天草氏、志岐氏等小領主，聚集在湯島[2]（熊本縣上天草市）密謀造反。

在這群島原之亂主謀之中，不得不提一個人，他就是前小西行長祐筆[3]益田好次。益田好次本身是天主教徒，受洗名彼德羅（Pietro），小西行長死後於天草務農為生。在湯島會議上，眾人苦思如何號召更多百姓參與起事。由於兩地潛伏不少天主教徒，因此眾人決定利用天主教之名，教唆百姓起義。既然如此，就找個具宗教色彩的人擔任總大將吧！幾經商議，最終推舉益田好次嫡子益田四郎時貞為領袖。益田時貞於是以「天草四郎時貞」之名[4]，成為一揆[5]軍總大將。話雖如此，畢竟天草時貞只是年僅十六歲的少年傀儡，實際權力仍然在益田好次等背後的主謀身上。

天草時貞自幼跟隨其父信仰天主教，受洗名傑羅尼莫（Geronimo），後改名法蘭西斯科（Francisco）。天草時貞自幼好學有禮，具備領袖魅力，年紀輕輕便深得小西家舊臣及天主教徒的喜愛，更被視為救世主。一揆軍為了宣揚天草時貞的魅力，將其神格化，將《聖經》內部分耶穌的神蹟典故，直接套在天草時貞身上增添名聲，遂使天草時貞深受兩地天主教徒的歡迎，吸納不少新信眾。

一揆軍眼見時機成熟，便決意找個藉口引發暴動。一六三七年（寬永十四年）十月二十五日，島原藩有馬村（長崎縣南島原市）的天主教徒，借故殺死代官[6]，以反抗暴政為名，揭竿起義。一揆軍在長期進行地下組織的狀況下，成功拉攏島原半島南部及天草的百姓支持暴動。

松倉勝家收到一揆起事報告後，立即出兵平亂，不過島原局勢一發不可收拾。在一揆軍遊擊戰下，島原藩軍連番征戰疲累，不得不轉攻為守，回到島原城加強防備。一揆軍眼見機不可失，立即將島原城包圍起來，並對城下町放火搶掠。

松倉勝家眼見城下町領民沒加入一揆軍，於是想出以民制民手段，給領民武器反擊一揆。豈不知松倉勝家想法太天真了，那些領民之所以沒有加入一揆軍，只是因他們沒有武器。那些領民本來就因為苛政對松倉勝家不滿，既然藩主贈送武器，領民自然卻之不恭，倒戈相向成為一揆的新力軍！此時一揆軍的聲勢越來越旺，擴大至島原半島西北部，更企圖進攻長崎，尋求葡萄牙等天主教國家的支援，唯江戶幕府派來討伐軍逼近而作罷。

當島原的一揆起義後，名義上由天草時貞率領的天草一揆，也在數日後起事和應。天草一揆氣勢更盛，在本渡之戰打敗富岡城（熊本縣天草郡）城代三宅重利，逼得三宅重利兵敗自刃。雖然三宅重利寂寂無名，不過據說其父是當年本能寺事變的明智光秀重臣明智秀滿，父子兩人皆不得善終，令人唏噓。

天草時貞在擊潰三宅重利後，企圖直搗天草的重鎮富岡城。不過，天草時貞無法即時拿下富岡城，在得知討伐軍接近後，為免被夾擊，於是果斷撤退。天草時貞率領天草一揆渡過有明海，前往島原半島與島原一揆匯合。

兩地一揆匯合後，相傳約有三萬七千人大軍，以昔日有馬氏廢城原城（長崎縣南島原市）為據點，抵抗江戶幕府討伐軍。天草時貞下令修復原城，並將搶奪過來的武器彈藥及糧食運送城內，準備作長期抗爭。天草時貞還年輕，只適合當精神領袖，守城戰的指揮工作，便交由另一位一揆軍主謀有家監物負責。同時，天草時貞向日本各地派遣使者，試圖挑起各地天主教徒起身抗爭，擴大暴動。民間亦風傳天草時貞背後獲得葡萄牙支持，並等待葡萄牙軍支援。

輕敵的江戶幕府

當島原之亂的消息傳出後，江戶幕府深知不妙，派遣深溝（愛知縣額田郡）藩主、御書院番頭[7]板倉重昌前往九州，統率九州諸藩平亂。板倉重昌率領討伐軍，很快便將原城包圍起來。由於天草時貞早已修葺原城準備長期抗戰，在堅固的防衛及一揆軍的戰意高昂之下，板倉重昌在十二月兩度發動總攻擊，均被擊退。板倉重昌雖說是總大將，卻只是一萬五千石的小大名，九州諸藩的石高都比他多，板倉重昌自然被九州諸藩輕視，無法有效指揮，士氣低落，兵敗收場。

兩度進攻失利，這下子輪到江戶幕府急了，於是另派身分更高的忍（埼玉縣行田市）藩主老中[8]松平信綱為總大將。這下子輪到板倉重昌急了，眼見無法藉戰功挽回名譽，把心一橫，趁撤職前於一六三八年（寬永十五年）一月一日，強行發動第三次總攻擊。

這次板倉重昌拚了老命豁出去，力求不成功，便成仁。只可惜九州諸藩還是敷衍了事，結果討伐軍不但大敗，板倉重昌更被敵軍鐵砲擊中斃命。江戶幕府得知板倉重昌戰死後，知道事態嚴重，於是在是在一月十日加派援軍增援前線。

松平信綱因聰明才智有著「智惠伊豆」之稱，可見江戶幕府期望藉由他的才智解決問題。松平信綱來到島原前線後，連同增援討伐軍總數逾十二萬人。雖然討伐軍從水陸兩路將原城包圍起來，但經歷三次強攻失敗，松平信綱也深知正攻方式不奏效，他汲取之前的教訓，一面派人調查一揆軍動靜，另一面命令忍者潛入原城，打探兵糧情況。松平信綱得知原城兵糧開始短缺後，遂決定圍而不攻，大打兵糧戰。

同時，江戶幕府向歐洲非天主教國家荷蘭尋求協助。荷蘭正值與葡萄牙開戰（荷葡戰爭），極力希望排除對方，獨占與江戶幕府的貿易，於是荷蘭向江戶幕府提供五門船砲，並派艦船前往島原。松平信綱下令荷蘭艦船從海上砲擊原城，雖然成效不彰，在九州大名的反對下中止，但是松平信綱藉此明確告訴一揆軍，無法得到外國軍隊的支援，對一揆軍的士氣造成一定打擊。

此外，松平信綱命人發射箭文至原城，試圖誘降一揆。松平信綱拘捕天草時貞的母親阿智及其姐妹，命令她們寫信勸降天草時貞，但天草時貞仍然不為所動。隨著時間流逝，原城兵糧日益缺乏。原城位處海邊懸崖，一揆軍只能沿懸崖而下打撈海藻維生。松平信綱檢查城外一揆軍戰死者屍體時，發現胃袋只有海藻後，認為斷糧戰奏效，是時候做出了斷。

二月二十四日，松平信綱召集諸將，原本決定二月二十八日發動總攻擊。不過在預定日的前一天，佐賀（佐賀縣佐賀市）藩主鍋島勝茂搶先向原城發動攻擊，其他諸藩紛紛跟隨變成總攻擊。此時一揆軍早已彈盡糧絕士氣低落，討伐軍在兵力優勢下攻陷原城，天草時貞等人盡皆伏誅。

關於這場攻城戰，一般說法是討伐軍下達屠城令，將城內約三萬多人殺死，唯一只有暗通討伐軍的南蠻畫師山田右衛門作倖存。另有說法是原城內不少百姓不堪恐懼

1
2

1｜天草時貞力攻富岡城不果。圖為富岡城二丸。
2｜位於原城本丸的天草時貞墓所。

及飢餓，在討伐軍發動總攻前已出城向討伐軍投降，為數逾一萬人以上等等。事實上，江戶幕府並無正式統計，一揆軍戰死數實際上不明。

自幕府創立以來首位不許切腹的大名

江戶幕府事後對島原之亂檢討，對於兩大罪魁禍首：松倉勝家及寺澤堅高，做出不同處分。雖然兩人都因徵重稅導致官逼民反，但松倉勝家不僅如此，更對無法繳付年貢百姓施以各種酷刑並殺害，事後在島原城內搜出被殺害農民的屍體。松倉勝家的惡行引起江戶幕府譁然，江戶幕府直接下令沒收其領地並處死。通常江戶時代的大名被賜死時，因其名譽地位准許切腹自盡；不過松倉勝家實在罪大惡極，江戶幕府不准切腹。一六三八年（寬永十五年）七月十九日，松倉勝家在江戶的森家下屋敷被斬首，成為江戶時代

誰是天草時貞？

相傳天草時貞在原城本丸，被熊本（熊本縣熊本市）藩士陣佐左衛門所殺。只不過當時陣佐左衛門並不知道自己所殺的少年竟然是總大將。討伐軍不知道天草時貞容貌，為了辨明身分，於是想到一個方法。討伐軍首先將年紀相若的少年首級集合一起，然後命被捕的天草時貞母親阿智逐一辨認。當阿智目睹陣佐左衛門手持的首級後，立即面容扭曲失聲痛哭，討伐軍遂認定陣佐左衛門手持的首級便是天草時貞。

唯一被斬首的大名。

相比之下，寺澤堅高只被沒收天草領地，唐津仍得以保留，刑罰上輕微許多。唯寺澤堅高因此事大受打擊精神失常，最終自殺身亡。寺澤堅高無後，寺澤家亦因此被廢。

至於首任討伐軍總大將板倉重昌，雖三度戰敗，唯其戰死沙場，沒被追究。至於其子板倉重矩因拿下主犯之一有家監物的首級，將功補過，結果保存了深溝藩領地，僅輕判謹慎一年。繼任總大將的松平信綱，獲加封一倍石高，為數六萬石轉封至川越。

根據《細川家記》與《天草島鏡》等當代紀錄，指出島原之亂原因是年貢苛索過度所致。不過松倉勝家矢口否認失政，諉過於天主教徒引發暴動。同時江戶幕府亦打算利用島原之亂為藉口，進一步取締天主教，於是將島原之亂定調為天主教徒暴動。至於羅馬教廷，則不認同島原之亂是一場因天主教徒受迫害而發起的宗教戰爭，因此教廷至今沒有承認他們為殉教者。

既然定調為天主教徒暴動，江戶幕府自是大力鎮壓肅清島原及天草的潛伏天主教徒。為數不多的倖存者，只能逃往人跡罕至的極偏遠地區生活，或是極力掩飾身分，世世代代苟且偷生，直至踏入明治時代以後才得以解禁。除了加強禁教令外，江戶幕府亦徹底推動一國一城令，進一步破壞所有被棄置的廢城，以免日後有人占據造反。

4 | 3
5

3｜江戶幕府將天草時貞的人頭，放在出島的葡萄牙商館前展示。圖為現今出島東入口處的舊出島神學校。
4｜天草時貞占據原城起義反抗，圖為原城田町御門。
5｜松倉重政為興建島原城榨壓百姓。圖為後世重建的島原城。

另一邊，江戶幕府藉機推進鎖國政策，借島原之亂歸咎於葡萄牙。江戶幕府將天草時貞等人首級放置在長崎出島（長崎縣長崎市）的葡萄牙商館前，當作警戒。一六三九年（寛永十六年）江戶幕府驅逐所有葡萄牙人離開日本，正式與葡萄牙斷交，並拒絕與外國通商，世人以此視為鎖國之始。對於島原之亂有功的荷蘭，江戶幕府則投桃報李，只准許荷蘭一國作有限度的通商，形成荷蘭所希望的獨占日本市場局面。島原之亂的結束，短期內日本再無大規模的暴動爆發，江戶時代真正踏入和平之世。

1 領地糧食收入。
2 又名「談合島」。
3 負責代筆、記錄等祕書工作。
4 一說益田時貞成為領主天草氏養子。
5 意指特定階層集結的武裝力量暴動，江戶時代的一揆主要指百姓。
6 負責代藩主徵收稅務等管理工作。
7 將軍直屬親衛隊組長。
8 江戶幕府最高職務，負責執行幕政。

赤穗城

忠臣藏的故事「赤穗事件」

時光飛逝，轉眼間來到十八世紀，時值第五代將軍德川綱吉統治之世。元祿十四年（一七〇一年）二月四日，赤穗（兵庫縣赤穗市）藩主淺野長矩接到江戶幕府命令，出任饗應役[1]一職，接待東山天皇派來的兩位敕使：柳原資廉及高野保春。對淺野長矩來說，已經是第二次出任，自是駕輕就熟，而這一次的指南役[2]，與上次同樣由高家肝煎[3]吉良義央指導。

當兩位敕使在三月十一日來到江戶後，淺野長矩出面迎接，陪同會見德川綱吉、傳達聖旨及欣賞猿樂等等，此時淺野長矩並無異樣。最後一天的三月十四日早上，當日江戶城內眾人忙著準備中午舉行的「敕答之儀」，正式答謝天皇聖旨，這是江戶幕府一年中最高規格的行事。大約十一時半過後，當時吉良義央在江戶城本丸的松之大廊下，與旗本梶川賴照商討敕答之儀的準備工作時，淺野長矩突然拿著儀式用的小刀，從背後砍了吉良義央一刀！

根據目擊者梶川賴照所寫的《梶川筆記》記載，淺野長矩發狂向著吉良義央怒吼：「你記得這陣子的遺恨嗎？」然後向吉良義央的額頭再補一刀。這時候梶川賴照立即制止淺野長矩，其他人聽到淺野長矩的怒吼，紛紛趕來制伏淺野長矩。受傷的吉良義央，立即被搬往御醫師之間，讓當時最著名的外科醫生栗崎道有縫針止血治療。吉良義央雖然身中兩刀，但並無傷及要害，加上搶救及時，總算保住了小命，只是額頭及背部皆留下疤痕。不過這兩道疤痕卻成為日後關鍵，而淺野長矩殺害吉良義央的計畫以失敗告終。

淺野長矩被制伏後，接受江戶幕府審問行兇動機。淺野長矩只說因為遺恨行兇，至於是什麼遺恨，淺野長矩卻說前因後果已經忘了。至於吉良義央在落口供時，只表示自己年紀大，不記得跟淺野長矩有過什麼恩怨，令這件兇案更顯得撲朔迷離。

僅六小時便宣告判決

審問完畢後大約下午二時，江戶幕府決定將淺野長矩交由一關（岩手縣一關市）藩主田村建顯託管，等待裁決結果。田村建顯立刻返回一關藩屋邸準備，更命令七十五位藩士前往江戶城，負責押送淺野長矩回府。淺野長矩弟弟淺野長廣[4]眼見事態嚴峻，心知不妙，立即寫信並讓赤穗藩士早水滿堯及萱野重實乘坐早駕籠（快轎），火速回到赤穗城告知大事發生，於是早水滿堯等人約下午三時半從江戶出發。

就在早水滿堯等人出發後不久，接近下午四時，在一關藩士護送下，淺野長矩乘坐網駕籠經平川門離開江戶城，前往一關藩屋邸。平川門素來有「不淨門」之稱，只有死人及罪人才能使用此門離開，淺野長矩經此門離開，似乎已預告著其結局。

這件兇案在江戶城本丸內發生，還是在舉行敕答之儀前，這下子讓德川綱吉顏面盡失。德川綱吉認為淺野長矩此舉不但冒犯敕使，影響江戶幕府權威，更重要的是，德川綱吉擔心此事令天皇不滿，影響其母桂昌院獲封女性最高階、從一位官位的機會。德川綱吉在盛怒下，不問審訊內容，直接下令淺野長矩即日切腹謝罪及沒收領地。

雖說在江戶城內斬傷他人，無論任何理由都是死罪，只是像淺野長矩這種無視審訊即日處死的判決卻甚為罕見，也可以得知德川綱吉當時真的憤怒極了。話雖如此，從上回原城的故事可以得知，身為大名的松倉勝家被施行斬首之刑；相對之下，同樣是死刑的切腹，合乎武士禮節，保留著大名的面子，可說是德川綱吉對淺野長矩的最後一點仁慈。

大約下午六時過後不久，江戶幕府檢使[5]莊田安利，來到一關藩屋邸，宣告淺野長矩即時切腹及沒收領地的判決。淺野長矩早知闖下彌天大禍難逃一死，表現鎮定，在檢使的見證下，於屋邸內的庭園切腹謝罪落幕。

整件事由案發到審問宣判至切腹落幕，僅花六小時多。赤穗藩士早上還陪同藩主前往江戶城，不料當晚他們迎接的已是一具冰冷屍體。赤穗藩士原元辰及大石信清，立即乘坐早駕籠回赤穗城，告知淺野長矩切腹及赤穗藩被廢的消息。身處江戶的赤穗藩士，對江戶幕府並未處分吉良義央深感不滿，他們將淺野長矩葬於泉岳寺（東京都港區），更在其墓前發誓決意為主君報仇，為日後元祿赤穗事件埋下伏筆。

淺野長矩殺傷事件看似告一段落，不過這才是元祿赤穗事件的真正開始！江戶幕府在事發後任命旗本荒木政羽等人，接收淺野長矩主城赤穗城。同時為防止赤穗藩遺臣不服作亂，更命令龍野（兵庫縣龍野市）藩主脇坂安照等人出兵協助。此外，江戶幕府亦要求安藝（廣島縣廣島市）藩主淺野綱長，派使者命令作為旁支的赤穗藩開城等等。至於淺野長廣則遭受連座處分，除沒收領地外，另作閉門[6]懲罰聽候發落。面對江戶幕府展開連串的廢藩行動，失去主子的赤穗藩遺臣又如何是好呢？

開城投降抑或守城殉道

事發後第五日的三月十九日早上約五時半，赤穗城外突然有早駕籠緊急要求進城，原來早水滿堯等人的早駕籠回到赤穗。江戶至赤穗全長六百二十公里，正常需時一周，但在早水滿堯等人緊急連夜趕路下，僅花四天半時間完成。早水滿堯等人回到赤穗後，立即叩見筆頭家老[7]大石良雄（內藏助），交待主公淺野長矩在江戶城內傷人一事。大石良雄得知事態嚴重，立刻發布總登城命令，要求赤穗藩士火速登城。

赤穗藩士在獲悉事件後，自是驚訝萬分。正當眾家臣亂作一團的時候，原元辰等人的早駕籠亦來到赤穗城。原元辰等人告訴眾人藩主淺野長矩已經切腹謝罪，赤穗藩將被廢藩，赤穗城由江戶幕府接收。赤穗藩士接連聽到噩耗自是一片哀嚎，但接下來將要面對一個很現實的問題，究竟赤穗藩的下一步應該怎樣做？乖乖的坐以待斃廢藩？還是起兵為主君鳴冤？

之後數日，眾人圍繞著此問題爭論不休。赤穗藩士對始作俑者吉良義央未被處分義憤填膺，他們起初傾向守城抗議，唯大石良雄及次席家老大野知房並不認同。兩人擔心此舉猶如挑戰江戶幕府，將波及到身處江戶的唯一繼承人淺野長廣的安危，兩人具認為擁戴淺野長廣復興家業，才是當務之急。

最終赤穗藩士得出結論，就是將赤穗城交予江戶幕府後，在赤穗城前集體切腹鳴冤，希望江戶幕府重新審判吉良義央。不料大野知房等人繼續唱反調，終於激起赤穗藩士的怒火。正所謂「道不同不相為謀」，這時候原元辰跳出來，要求大野知房等反對者離去，大野知房自知無法說服群情激憤的眾人，只好連同十多位反對者，抽身離開赤穗城。最後共六十餘名藩士響應，簽誓約書以死相諫。大石良雄雖然簽下誓約書，但心中並未打算切腹，而是盤算如何說服他們打消念頭。

轉眼間，荒木政羽等人在四月十八日來到赤穗城，脇坂安照等人擔心赤穗藩遺臣不肯交出城池，因此派數千兵從水陸兩路包圍赤穗城。不過出乎他們意料之外，赤穗藩遺臣沒有任何抵抗，交接過程順利。

原來大石良雄在交出赤穗城時，懇求荒木政羽向江戶幕府傳達准許淺野長廣復興家業的請求。起初荒木政羽面有難色，試圖拒絕，唯在大石良雄的再三請求下，荒木政羽也不忍心赤穗藩因此被廢，最終答應向老中傳達大石良雄的請求。大石良雄將消息告訴藩士們，眾人為免生事，連累淺野長廣，遂打消切腹，避過一場慘劇發生，淺野長矩的赤穗藩正式踏入歷史。赤穗城由江戶幕府接收後，交由龍野藩暫時託管，不料，依舊在兩個月後發生了「脇坂赤穗事件」。

被詛咒的赤穗城

赤穗城在江戶時代曾經歷四個家族經營，除了第三任的永井直敬，進駐赤穗城僅四年多時間相安無事之外，其餘家族均經歷災劫。首任家族池田家，發生藩主池田輝興發狂，殺死正室龜子姬及侍女的「正保赤穗事件」；繼承領地的淺野家，因淺野長矩斬傷吉良義央，引發日本史上聞名的「元祿赤穗事件」；第四任的森家則是幕末時藩主森忠典繼位不久，家臣間因尊王問題，導致佐幕派家老森可彝被殺的「文久赤穗事件」。

另外，曾經短暫託管赤穗城的龍野藩主脇坂安照也無法倖免，在託管期間便發生重臣脇坂左次兵衛突然精神失常，於城內斬殺同僚的「脇坂赤穗事件」。看來赤穗城說不定真的被詛咒呢？

♜「江戶急進派」VS「上方漸進派」

留在江戶的前赤穗藩士，有著以堀部武庸為首的激進派，計畫為主君報仇刺殺吉良義央。當然吉良義央也非省油燈，不但加強屋邸警備，還找來過繼予米澤藩（山形縣米澤市）上杉家、成為藩主長子的上杉綱憲協助戒備。有了上杉綱憲的加持，令堀部武庸一時三刻也無法下手。堀部武庸這班留在江戶的激進派藩士被稱為「江戶急進派」，與大石良雄等人以復興家業為先的「上方漸進派」對立。

為了讓主家復興，大石良雄前往江戶，遊說江戶急進派放棄復仇，一起為淺野長廣復任大名努力。大石良雄先後與江戶急進派舉行江戶會議及山科會議。正當兩派爭持不下之際，事態發展卻對他們越來越不利。

根據現場人士證供，吉良義央被襲後，並未反擊而是打算逃走，並不符合「喧嘩兩成敗」法則，只是淺野長矩單方面行使暴力而已。因此吉良義央在此事上並無任何過失，不但沒受到任何處分，還獲得德川綱吉的慰問。

不過江戶幕府裁決是一回事，坊間看法又是另一回事。因吉良義央欺凌外樣大名早有前科，坊間不少人對淺野長矩遭遇表示同情理解，更恥笑吉良義央不拔刀逃跑有失武士名聲。面對坊間的閒言閒語，吉良義央受不了這壓力，最終在一七〇一年（元祿十四年）十二月十一日隱居，將家督傳予養嗣子吉良義周。無官一身輕的吉良義央，從此大搖大擺長期棲身於上杉綱憲的上杉屋敷內。上杉屋敷守衛遠在吉良邸之上，令討伐吉良義央變得更困難。

一七〇二年（元祿十五年）七月十八日，江戶幕府宣布對淺野長廣的處置。淺野長廣一直謹慎避嫌，拒絕與前赤穗藩士會面，乖乖等待發落。雖然荒木政羽曾向老中及將軍傳達大石良雄的復興主家請求，唯江戶幕府並未受理。最終江戶幕府下令，淺野長廣交由其宗家安藝藩終身閉門軟禁，赤穗藩的復藩之路正式宣告幻滅。

大石良雄眼見復藩無望，不得不認同江戶急進派的復仇主張。兩派在七月二十八日於京都舉行圓山會議，正式以討伐吉良義央為共同目標，展開日後廣為流傳的著名戲碼：赤穗忠臣藏。

吉良義央搬家事件

坊間流傳前赤穗藩士將衝向吳服橋（東京都中央區）的吉良邸報仇，吉良邸知悉自是有所戒備，不過吉良義央鄰居卻終日擔驚受怕，特別是旁邊的阿波富田（德島縣德島市）藩主蜂須賀隆重。蜂須賀隆重擔心前赤穗藩士報仇時會波及其家，加強戒備令開支大增，陷入財務困境。蜂須賀隆重不得不向老中請願，請求將吉良義央調遷。一七〇一年（元祿十四年）八月十三日，江戶幕府命令吉良義央遷往本所（東京都墨田區）。位於本所的吉良邸，正是日後赤穗浪士襲擊吉良義央的地方。

為主報仇赤穗四十七浪士

早前曾有一眾前赤穗藩士簽署血判書成為同志，因此大石良雄派遣大高忠雄等人逐家拜訪他們，要求索回血判書，藉此打探他們的意向。此舉其實是大石良雄的細心舉動：對於無意參與復仇，或是後悔簽署血判書的同志來說，大石良雄索回血判書，既可撇清與大石良雄的關係，避免因大石良雄的報仇舉動而有所牽連。至於拒絕交出血判書的人，則視為參與復仇計畫的同志保持聯絡，結果同志數量由大約一百二十人減至五十餘人。

此時吉良義央雖然長居上杉屋敷生活，不過偶爾會回到本所的吉良邸，因此大石良雄等人只好打聽吉良義央何時回到吉良邸才動手。大高忠雄得知吉良義央不時邀請茶人山田宗偏在吉良邸召開茶會，於是看準機會，以脇屋新兵衛之名拜山田宗偏為師入門，實質打探吉良義央何時留在吉良邸。不久，大石三平從歌人羽倉齋口中得知，吉良邸將在十二月十四日舉辦茶會。大石良雄認為事不宜遲，遂於十二月二日與一眾同志舉行深川會議，商討刺殺吉良義央細節。

在深川會議上，大高忠雄指山田宗偏獲邀參與十二月十四日於吉良邸舉辦的茶會，印證此事無誤。大石良雄預料吉良義央當晚將在吉良邸過夜，因此決定在十二月十五日凌晨動手。到了一切準備就緒的最後關頭，竟然還有人臨陣退縮，結果這班同志最終只餘下四十七人，成為後世流傳的「赤穗浪士」。

一般認為，十二月十五日[8]凌晨時分，以大石良雄為首的四十七名赤穗浪士，兵分兩路殺入吉良邸討伐吉良義央。大石良雄率領表門隊，從正門爬梯子潛入吉良邸，搜尋吉良義央下落；大石良雄嫡子大石良金則率領裏門隊，用大木槌擊破後門入侵。為阻止吉良家家臣起床阻撓赤穗浪士，裏門隊進入吉良邸後，不斷高喊「火災」製造混亂，然後乘亂衝進家臣們棲身的長屋，用鍋釘封住門口，結果多達一百人被困於屋內無法應戰，裏門隊得手後與表門隊合流，尋找吉良義央。

這時赤穗浪士的行動已經驚動吉良家，吉良義周立即連同餘下約四十位家臣，與赤穗浪士進行激戰，吉良義央則從寢室逃往廚房旁的炭小屋棲身避難。赤穗浪士一邊與吉良家家臣戰鬥，一邊搜索吉良義央。當赤穗浪士來到吉良義央的寢室時，雖然已經人去樓空，不過發現寢具尚有微溫，認為吉良義央逃離不遠，於是收窄範圍在附近搜索。

赤穗浪士聽到炭小屋傳來談話聲遂上前查看，發現內裡有人。赤穗浪士先擊倒屋內兩位吉良家家臣，接著間光興看到屋內深處有人晃動，於是舉槍一刺，正好命中吉良義央。吉良義央眼見被赤穗浪士包圍，即使身負重傷，也只好拔出脇差（短刀）

奮力一博，結果被武林隆重殺死，享年六十二歲。大石良雄不久趕到現場，從屍身額頭及背部的傷痕，確認是吉良義央無誤後，間光興將吉良義央首級切下，宣告復仇成功！[9]

上杉綱憲令上杉家英名盡喪

上杉綱憲的先祖是昔日戰國時代著名的「越後之龍」上杉謙信。上杉綱憲母親是初代米澤藩主上杉景勝孫女，因此上杉綱憲才得以繼承米澤藩。上杉綱憲知悉赤穗浪士攻入吉良邸後，企圖出兵拯救父親。唯江戶幕府擔心此事鬧大或引發江戶暴動，遂派人傳話予上杉綱憲，禁止米澤藩出兵支援吉良義央。上杉綱憲為免得罪江戶幕府改易滅藩，只能乖乖地不敢動彈。米澤藩不出手，其他人更加不出手，結果正如大家所知道的一樣，無人支援吉良義央。這場復仇戰打了近兩小時，吉良家共十五人被殺，二十三人受傷；赤穗浪士則只有近松行重受重傷及原元辰扭傷。

事後，江戶民眾除了對赤穗浪士的義舉大為讚賞外，亦不忘對米澤藩冷嘲熱諷，江戶市內隨街可見嘲諷米澤藩懦弱的塗鴉。上杉綱憲在幕命難違下，眼巴巴看著父親見死不救，還賠上了自上杉謙信以來的武家聲譽。

赤穗四十六名浪士自首

赤穗浪士刺殺吉良義央成功後便離開吉良邸，這時寺坂信行已失去蹤影。[10] 之後赤穗浪士一行四十六人，浩浩蕩蕩出發前往泉岳寺，將吉良義央首級供奉在淺野長矩墓前燒香，稟告大仇已報。赤穗浪士將首級交予泉岳寺後，集體向大目付[11] 仙石久尚自首，江戶幕府將赤穗浪士分別交由四位藩主監管。

江戶幕府評定所召開緊急會議，在當時輿論普遍聲援赤穗浪士的情況下，評定所亦決定來個順水推舟，認為赤穗浪士是真正忠義者，應該獲得赦免，同時下令吉良義周切腹、吉良家未參戰的家臣全員斬首、沒收上杉綱憲領地等等，向老中提出裁決上完全倒向赤穗浪士的意見書。老中看著這份一面倒的意見書，內部不免產生分歧，結果還是請示德川綱吉作主。

經過一番周折，問題的皮球又再次踢回整起事件的始作俑者之一德川綱吉。如何處置赤穗浪士，德川綱吉心中可說是五味雜陳。德川綱吉本身同情赤穗浪士想赦免死罪，只是當初下令淺野長矩切腹的是自己，從沒想過會引起軒然大波，判處赤穗浪士無罪，豈不是在自打嘴巴？更不用說對吉良義周等人的裁決過於嚴苛，令老中因此爭論不休了。

轉眼間新年過去，德川綱吉終於想到一個兩全其美之策，就是讓皇族介入事件。由皇族出面為赤穗浪士求情，然後讓將軍親自赦免，這樣既不損將軍權威，又能保住面子。德川綱吉知道好友公弁法親王認同赤穗浪士，更做和歌讚譽他們，於是趁公弁法親王在二月一日藉賀年謁見之際，閒談中將其想法說出，打算借好友來製造可下的台階。公弁法親王當然知道德川綱吉的用意，所以只是隨口附和，並沒有按德川綱吉心中劇本所寫的為赤穗浪士請命。

德川綱吉眼見此計不成，在無計可施下，為了自己的權威，不得不下殺手。江戶幕府在二月四日頒布判決，大石良雄等四十六位赤穗浪士，與其主君一樣被賜死。當時一般殺人罪是直接斬首示眾，不過德川綱吉為表對赤穗浪士的惋惜，以及表揚其忠義，不但准許保留武士身分切腹，切腹場所更實施最高規格待遇，以最高榮譽隆重其事。

公弁法親王為何不救人？

就在赤穗浪士切腹自盡悲劇落幕後，有人問公弁法親王為何不拯救他們？按理公弁法親王開口求情的話，德川綱吉也要退讓妥協。公弁法親王卻表示，與其讓赤穗浪士獲赦後，有人或會誤入歧途而破壞名聲，倒不如要他們切腹自盡，讓其崇高忠節流芳百世。也有一說是公弁法親王為避免捲入江戶幕府內部的政治鬥爭，因此沒向德川綱吉提出對赤穗浪士赦免。無論如何，公弁法親王都可說是間接送赤穗浪士上「斷頭台」。

1
2

1｜赤穗藩主淺野長矩居城赤穗城，圖為赤穗城本丸前。

2｜淺野長矩在江戶城松之大廊下斬傷吉良義央，圖為江戶城內松之大廊下跡石碑。

判決頒布當日，大石良雄等四十六位赤穗浪士，分別於被囚禁的藩主藩邸庭園切腹自盡，赤穗浪士遺體與淺野長矩一起葬於泉岳寺。這群為主君盡忠報仇的赤穗浪士，終於可以再次與主君重聚，從此守護著他們的主子不再分離。

藉「赤穗浪士親屬」之名的詐騙

正所謂「人怕出名豬怕肥」，赤穗浪士揚名天下，對於騙子來說自然是一大商機，大可扮成某某赤穗浪士家眷斂財。反正赤穗浪士已死，沒人能揭穿他們的惡行。當中數到最出名奇特的，就是一位女尼：妙海尼。

在「元祿赤穗事件」約三十多年後的元文年間（一七三六年至一七四一年），有一位自稱是赤穗浪士堀部武庸之妻的老婦妙海尼，在泉岳寺附近的庵所生活。堀部武庸除了是赤穗浪士之一外，還曾參與「高田馬場決鬥」，在當時以忠義俠客形象成為傳奇。由於妙海尼經常前往泉岳寺拜祭堀部武庸，當時的人遂信以為真，因此許多人向妙海尼布施大量金錢。及後，篠山（兵庫縣丹波篠山市）藩士佐治為綱拜訪妙海尼，在她口述下執筆寫成《妙海語》一書。

不過整件事最弔詭的地方，就是堀部武庸之妻堀部芳里早於一七二〇年（享保五年）於熊本逝世。由於妙海尼熟悉堀部家事情，後世學者懷疑其真身是堀部家女傭。最後妙海尼直到九十一歲逝世前，仍不斷前往泉岳寺為堀部武庸掃墓，死後更葬於泉岳寺。不知道堀部武庸泉下有知，對突然多了一個妻子又有何感想呢？

就在赤穗浪士切腹同一天，江戶幕府亦對吉良義央父子作出批判，並以「父罪子償」為由讓吉良義周一力承擔罪責，最終以「態度疏忽」為由沒收領地，流放至信濃的諏訪（長野縣諏訪市），並由諏訪藩主諏訪忠虎所監管。不久，吉良義周於一七〇六年（寶永三年）病逝，高家吉良氏自此斷嗣。

至於大石良雄一直心繫的淺野長廣，後來隨著德川綱吉逝世獲得大赦。一七一〇年（寶永七年）九月，淺野長廣獲新將軍德川家宣接見，以安房五百石領地招攬為旗本，總算可以復興家業。

1 江戶幕府所設，負責在江戶城內招待天皇敕使的役職。一般由四萬至七萬石的外樣大名出任，招待費用全由外樣大名負責。

2 江戶幕府派家臣指導及協助饗應役，一般由熟悉禮儀的高家出任。

3 組頭。

4 亦是淺野長矩養嗣子。

5 調查兇殺、傷人案件的官員，這裡則負責見證淺野長矩執行切腹刑罰。

6 禁止外出。

7 家臣中最高職級。

8 雖然同是元祿十五年，不過西曆已踏入一七〇三年。

9 根據《江赤見聞記》所載，武林隆重刺傷吉良義央，卻被間光興「撿尾刀」奪下吉良義央首級。

10 亦有說法是大石良雄故意命令不屬武士身分的寺坂信行離開，避免遭江戶幕府逮捕。

11 江戶幕府役職，隸屬老中之下，負責監視朝廷、諸大名及高家等監察官。

吉良邸跡

首洗い井戸
義士が本懐成就後
吉良上野介の首級を
この井戸水で洗い
主君の墓前に供え
報告したところから
「首洗い井戸」と
呼ばれています
川上音二郎建之
首洗井戸

5 | 3 / 4

3｜吉良義央居住的吉良邸遺址，當年赤穗浪士衝入吉良邸斬殺吉良義央。

4｜赤穗浪士手持吉良義央首級，先來到泉岳寺這井戶清洗首級，才拜祭淺野長矩。

5｜大石良雄等其中十六位赤穗浪士，在細川屋敷切腹自盡，圖為當時切腹遺址。

佐賀城

倒幕四雄藩：肥前

鍋島齊正吹起的近現代化之風

在江戶幕府統治日本逾兩百年時間後的世界，歐美列強在帝國主義興起下擴張侵略，矛頭更指向亞洲東方。部分有識之士早知道危險逼近，為避免日本成為列強的殖民地，遂提倡學習西方「船堅砲利」，藉改革追上列強實力保護日本。而日本這場近現代化之風，一切由一位蘭癖大名[1]即位開始。

一八二八年（享保十三年）颱風西博德吹襲佐賀藩（佐賀縣佐賀市）損失慘重，約九成領地受損，多達約五萬五千戶損毀。時任佐賀藩主鍋島齊直，早因奢華生活揮霍無度債台高築，風災更令藩內財政瀕臨破產邊緣，據說當時欠債高達十三萬兩（折合現值約五十億七千萬台幣）。在欠了一屁股債情況下，鍋島齊直選擇逃避，一八三〇年（天保元年）將藩主這「燙手山芋」傳給第十七位兒子、年僅十五歲的鍋島齊正後隱居。

鍋島齊正當時身處江戶，即位後回國處理藩務。當鍋島齊正回國消息傳出，江戶商人擔心鍋島齊正賴賬，於是在品川（東京都品川區）堵截佐賀藩行列討債。鍋島齊正面對此困境，也不禁「落淚滂沱」[2]，可想而知當時其財政有多糟糕。

鍋島齊正回國後，立即處理藩務，視察長崎的警備工作。同年四月，鍋島齊正首次踏足長崎，旋即被當地西方事物吸引，蘭癖大名之心開始萌芽。鍋島齊正在江戶幕府的准許下，親自登上西洋船隻參觀，讓鍋島齊正深感西方之船堅砲利。雖說鍋島齊正對蘭學著迷，但此時藩國財政貧乏，實無多餘錢財去「滿足」自己的欲望。鍋島齊正於是將蘭學之心悄悄收起，集中精力重建財政。

討債一事被鍋島齊正視為奇恥大辱，立刻改革藩務財政。一提改革，不只藩內保守派反對，就連退隱的鍋島齊直也處處阻撓，結果成效甚微。雪上加霜的是，祝融似乎特別關照佐賀城。一八二六年（享保十一年）佐賀城失火燒光本丸天守及御殿後，佐賀藩在兩年後於二丸重建御殿作為藩政中心；不料這座二丸御殿落成僅僅七年，一八三五年（天保六年）又因一場大火將其燒光光。這時候鍋島齊直又跑出來「敗家」，強硬要求在佐賀城本丸重建御殿，令佐賀藩財政雪上加霜。

然而這次的事件也觸發了鍋島齊正狠下心推動改革，例如大規模裁減兩成人，放棄贖回大部

日本最早的天花疫苗

鍋島齊正注重醫學發展，早在一八三四年（天保五年）便在弘道館內興建醫學館。當時天花屬不治之症，佐賀藩藩醫伊東玄朴向鍋島齊正建議，引入痘苗作為預防，於是佐賀藩向出島的荷蘭商人購入牛痘疫苗接種。之前日本曾向荷蘭購入痘苗試行接種，唯當時痘苗從歐洲運送，路途遙遠宣告失敗。這一次來自普魯士的醫生，從印尼的巴達維亞（雅加達），培植牛痘疫苗攜到長崎。一八四九年（嘉永二年）六月試行接種成功後，自此以佐賀藩為起點，將牛痘疫苗推廣至全日本。

分抵押，重視石炭、磁器及茶等產業發展並擴大交易，減輕其他開支，振興農村經濟等等。在扭轉佐賀藩財政後，鍋島齊正深知作育英才便是最好的投資，於是擴充藩校弘道館，培育優秀人材並提拔為家臣。後世流傳的「佐賀七賢人」的其中六人[3]，就在弘道館誕生。至於另外一人呢？當然是背後功臣鍋島齊正了。隨著改革成功，財政漸有起色，鍋島齊正忍耐多年，終於有閒錢可以「揮霍一下」，又怎能不「投資」西洋玩意呢？

♜全日本第一座反射爐與洋砲

相比西洋玩物，鍋島齊正對西方軍事武器更感興趣。鍋島齊正早已聽聞歐美列強多番要求通商，再加上中國在鴉片戰爭中慘敗英國。在目睹歐美的船堅砲利及輝煌戰績下，鍋島齊正不得不對列強感到恐懼。受到危機感的驅使，鍋島齊正積極研究引入西方軍事技術。鍋島齊正對高島秋帆的西洋砲術持有莫大興趣，在姐夫鍋島茂義[4]的協助下，開始在藩內自行製造新式火槍、西洋大砲等等。當中令鍋島齊正感到最自豪的，就是興建全日本首座反射爐：築地反射爐（佐賀縣佐賀市）。

鍋島齊正早在一八四七年（弘化四年），便向江戶幕府提倡加強海防。由於當時主流的青銅砲已經落伍，因此有必要學習西方的鐵製洋砲抗衡。煉製熟鐵可說是鑄造洋砲的首要難題，否則砲身受不了高溫，只會淪為「自爆裝置」，於是興建反射爐提煉熟鐵，遂成為當務之急。

不少有識之士與鍋島齊正想法一致，有人曾邀請西方專家來日本興建反射爐，唯路途遙遠乏人問津。鍋島齊正從高島秋帆手上，得到荷蘭的大砲鑄造書，經翻譯後決定自行建造反射爐。他首先在一八四九年（嘉永二年）建造日本首間製鐵所，接著於翌年七月，著手準備興建築地反射爐。鍋島齊正自知單憑自己力量並不足夠，於是向韮山代官江川英龍開辦的「江川塾」尋求協助，結果同年十一月完成首座反射爐，十二月開始試鑄洋砲，真正的研發戰鬥終於開始。

最初的兩個月，先後鑄造兩次洋砲皆以失敗告終。不過鍋島齊正屢敗屢試，終於在一八五一年（嘉永四年）四月的第五次鑄造中，製造出第一台洋砲。正當佐賀藩上下滿心歡喜、以此洋砲試射之際，最不幸的事發生了，洋砲「自爆」炸個稀巴爛。之後新造的洋砲不斷改良，直至翌年五月的第十四次鑄造，終於成功製作出首台國產洋砲。

雖然佐賀藩成功自製反射爐及洋砲，不過鍋島齊正最擔心的事還是發生了：一八五三年（嘉永六年），美國的培里（Matthew Calbraith Perry）准將前來日本叩關。鍋島齊正雖然希望能強硬攘夷，更答應協助江戶幕府興建品川台場，但他也了解對外貿易的重要性，於是主張與歐美國家友好的開國論。簡單來說，就是歡迎與外國人做生意，但「人若犯我，我必犯人」。

培里一來，江戶幕府心就慌了，遂於同年八月向佐賀藩下訂大量洋砲訂單。佐賀藩為擴大產量，於一八五四年（安政元年）三月，在多布施（佐賀縣佐賀市）興建新反射爐（多布施反射爐）。與此同時，在各藩請求技術支援下，鍋島齊正先後協助江戶幕府、水戶藩及長州藩等興建反射爐，並讓福井藩士前來視察。

佐賀藩自一八五九年（安政六年）十一月後，便沒有在兩地反射爐鑄砲的紀錄。在約九年時間裡，連同失敗品計算，共鑄造達一百三十八門洋砲；若包含舊式大砲總數接近三百門。此外，佐賀藩成功製造四斤砲，並安裝在品川台場的砲台上。雖然兩地反射爐不再鑄砲，不過佐賀藩之後曾在其他地方繼續鑄造。

研發國產西洋蒸氣船

正所謂「船堅砲利」，有砲自然要有船配合。鍋島齊正自行鑄造洋砲後，下一步就是造洋船。早在一八五四年（安政元年）九月，鍋島齊正便拍板以建造國產蒸氣船為目標。不過萬事起頭難，到底怎樣才能建造蒸氣船呢？這時鍋島齊正得知其表兄弟、另一位蘭癖大名薩摩（鹿兒島縣鹿兒島市）藩主島津齊彬，曾有自行研製蒸氣船的經驗，於是鍋島齊正向其請益，協助佐賀藩建造蒸氣船。

有了島津齊彬的技術支援，佐賀藩便開始實踐。一八五八年（安政五年），鍋島齊正設立三重津海軍所（佐賀縣佐賀市），除訓練海軍外，更動手研製蒸氣船，長遠以建立近代化海軍為目標。為理解蒸氣船構造，鍋島齊正在同年十一月，向荷蘭收購木造蒸氣軍艦「長崎」[5]作為進一步參考。隨後佐賀藩成功製造蒸氣船的主要動力鍋爐，並藉製作「電流丸」替換鍋爐，累積不少經驗及改良。在船隻製作經驗日趨成熟後，一八六三年（文久三年）三月，在佐野常民等人統籌下，正式建造蒸氣船，一八六五年（慶應元年），日本首艘具實用性的蒸氣船「凌風丸」正式誕生。

阿姆斯壯大砲

一八五五年（安政二年），英國發明家威廉．阿姆斯壯（William George Armstrong，港譯威廉．佐治．岩士唐），發明了後裝式阿姆斯壯大砲（Armstrong gun，港譯岩士唐大砲），為當時最新式洋砲。佐賀藩除了向英國購入阿姆斯壯大砲外，更曾嘗試自行鑄造。雖然當代文獻上記載，佐賀藩於一八六六年（慶應二年）成功鑄造阿姆斯壯大砲，不過史學界對此則抱有疑問。至於當年佐賀藩所鑄造的阿姆斯壯大砲，則在二次世界大戰期間被日本軍方徵收，難逃被熔掉的命運。

此時鍋島齊正雖然在文久元年（一八六一年），讓位予長子鍋島直大後隱居，但對改革佐賀藩仍然滿腔熱誠。除了「船堅砲利」外，鍋島齊正下一步，就是在一八六五年（慶應元年）仿效西方進行軍制改革。鍋島齊正以既有藩士與足輕[6]為重心進行西式訓練，要求家臣們熟悉槍械操作及陣法，達致全臣皆兵的地步。

獨善其身的肥前妖怪

鍋島齊正因出色的經營手段及精打細算的節儉，商人們均稱為「算盤大名」。他雖然醉心改革藩政，卻沒有政治野心，一心只想保護佐賀藩，因此整個幕末動亂時代，鍋島齊正對尊王佐幕兩派均保持距離，亦禁止藩士與他國交流，變相「藩內鎖國」。正因鍋島齊正獨善其身，令藩內優秀人材也得以避過幕末那段血腥鬥爭，得以保命為日後的明治新政府效力。

雖然鍋島齊正頗具實力，但政治上一直拒絕表態，無論哪派對其都憚忌三分，亦難以予人信任，因此被冠上「肥前妖怪」之名。無論是江戶幕府的參預會議，還是新政府的小御所會議，鍋島齊正都備受冷待排斥，無法取得政治上的影響力。

一八六八年（慶應四年）正月，舊幕府（江戶幕府）與新政府爆發鳥羽．伏見之戰，鍋島齊正繼續置身事外，觀望戰爭結果。當新政府擊敗了舊幕府，「肥前妖怪」終於看清形勢，識趣地上洛支持新政府。

新政府獲得佐賀藩加盟後如虎添翼，其後的戊辰戰爭，佐賀藩以當時最新式的阿姆斯壯大砲等洋砲，配上新式裝備，在上野戰爭等充分發揮，成績斐然。佐賀藩藉由戊辰戰爭的功績後來居上，超越其他早已投誠的尊王諸藩，出任明治新政府要職，在「薩長土肥」四大藩中得以躋身，敬陪末席。

1 對喜歡收集西方事物的藩主的稱謂。
2《鍋島直正公傳》。
3 大隈重信、江藤新平、島義勇、佐野常民、副島種臣、大木喬任。
4 高島秋帆的弟子。
5 佐賀藩易名為「電流丸」。
6 江戶時代的步兵之稱。

1
2

1｜佐賀藩主鍋島齊正居城佐賀城。圖為佐賀城本丸鯱之門，仍留有昔日佐賀之亂時的彈孔痕跡。
2｜佐賀城本丸御殿，於2004年（平成16年）重建。

3
4 | 5

3｜鍋島齊正成功製作全國首個反射爐：築後反射爐。

4｜佐賀城的鍋島直正（齊正）像，鍋島齊正晚年才改名為鍋島直正。

5｜鍋島齊正為日本引入「種牛痘」，圖為佐賀城內介紹鍋島齊正兒子鍋島直大接種牛痘苗的壁畫。

鹿兒島城

倒幕四雄藩：薩摩

幕末第一名君島津齊彬的現代化改革

就在幕末這個動蕩時刻，時人曾就大名進行比評，有一位大名無論個人修養還是藩內實力都屬頂級。身為四賢侯之一越前（福井縣福井市）藩主松平春嶽，更直指就連佐賀藩主鍋島齊正也比不上他。這個人是誰？就是今次介紹的主角薩摩（鹿兒島縣鹿兒島市）藩主島津齊彬！

如前文所述，島津齊彬也是一位蘭癖大名。島津齊彬自幼在曾祖父島津重豪的薰陶下，醉心鑽研蘭學，後來更學習英文。島津齊彬得知中國在鴉片戰爭慘敗後，便意識到歐美列強下一目標將是日本。當時仍是世子的他，積極提倡學習西方，進行近現代化。

不過當時的藩主島津齊興可不是這樣想，鑑於其祖父島津重豪因愛好蘭學，揮金如土令薩摩藩背負沉重巨債，幸而在島津齊興重臣調所廣鄉努力下，總算將薩摩藩財政「轉虧為盈」。島津齊興不想讓嫡子島津齊彬繼位後，因投資蘭學再度敗光家產，故此遲遲不願隱居讓位。

但島津齊彬亦非省油燈，早與江戶幕府老中阿部正弘示好，尋求江戶幕府的支持繼位。同時島津齊彬深受藩內改革派及下層藩士所擁戴，他們希望島津齊彬能早日繼位進行改革。另一邊，島津齊興的側室由羅則希望其子島津久光繼位，此舉獲得上位的保守派支持。最後兩派因由羅騷動正式爆發衝突，驚動江戶幕府。最終在阿部正弘調停下，將軍德川家慶贈送茶器予島津齊興，示意退位。一八五一年（嘉永四年）二月，島津齊彬以四十一歲之齡，正式成為薩摩藩主。

急起直追近現代化改革

島津齊彬雖然已達不惑之年，但其雄心魄力卻猶如一位少年，整天想著如何改革薩摩藩，迎合世界潮流，第一步就是啟動仍在當世子時候便已規畫的集成館事業：島津齊彬利用仙巖園[1]（鹿兒島縣鹿兒島市）部分地方及周邊做試驗場，興建一系列近代西方工廠設施。由於當時蒸氣機器尚在研發階段，只能以水車為動力推動反射爐等設施。不過仙巖園河道流量不足以推動，因此島津齊彬在一八五二年（嘉永五年）開鑿新河道關吉疏水溝，從稻荷川關吉（鹿兒島縣鹿兒島市）引水至仙巖園。關吉疏水溝的難度在於當時沒有機器輔助下，全程以人手開鑿隧道引水，全長八公里的河道高低差只有八公尺，如何確保中途不斷流也是一大功夫。最後島津齊彬成功鋪設關吉疏水溝至仙巖園，確保水車運行，沿途亦讓居民引水至水田灌溉，造福百姓，創造雙贏局面。

軍事科技是薩摩藩改革的重中之重，島津齊彬除了引進西方兵工廠技術生產武器彈藥外，亦製作反射爐冶鐵鑄砲。在得知鍋島齊正利用反射爐冶鐵鑄砲多番失敗後，島津齊彬參考西方資料改變策略，於一八五四年（安政元年）七月興建日本首座近代高爐[2]。在鐵質量明顯提升下，薩摩藩很快生產出國產洋砲。

島津齊彬與鍋島齊正一樣，明白「船堅砲利」的重要。島津齊彬比鍋島齊正更早一步研製西方蒸氣船，當中契機則是原土佐藩百姓中濱萬次郎。中濱萬次郎少年時出海捕漁遇上海難，幸被經過的美國捕鯨船所救，唯當時日本仍是鎖國狀態，中濱萬次郎只能跟隨船隻前往美國。中濱萬次郎在美國吸收西方知識文化後，因思念家鄉遂偷渡到琉球被捕，一八五一年（嘉永四年）七月被送往薩摩藩接受審訊。

島津齊彬得知中濱萬次郎身世後，不但厚待中濱萬次郎，更親自會面詢問有關西方文化形勢等等。在島津齊彬的要求下，薩摩藩士船工向中濱萬次郎學習西方的造船術及航海術。薩摩藩掌握西方的造船術後，先是於一八五四年（安政元年）建造西洋帆船「伊波呂丸」。當中「伊波呂丸」所用帆布，更是由自家木綿紡織工廠所造。接著同年十二月，繼江戶幕府的「鳳凰丸」後，由薩摩藩所建造的日本第二艘西洋軍艦「昇平丸」亦竣工，其後上貢給江戶幕府。

一八五五年（安政二年）八月二十三日，薩摩藩終於成功製造首艘國產蒸氣船「雲行丸」。不過「雲行丸」屬於試驗性質，這艘小船船身揉合日本及西方兩種風格。由於蒸氣機是自行摸索設計的關係，因此缺點甚多，容易洩漏蒸氣導致推進動力不足，未能正式實際運用。不過島津齊彬將研發蒸氣船的經驗跟表兄弟鍋島齊正分享成果，最終助佐賀藩順利建造「凌風丸」。

除了軍事外，亦推行商業化的改革

除軍事科技改革外，島津齊彬還努力引入西方產業技術謀利，以維持藩國財政。島津齊彬深知島津重豪當年敗家的教訓，認為只引入西方技術不事生產，只會加重藩政負擔。故此島津齊彬一方面利用西洋科技提升藩內生產力，例如引入紡織機大量生產紡織品；另一方面仿製舶來品向全國銷售圖利，例如薩摩出產的紅玻璃工藝品，作為貴重品深受上流人士愛戴。一八五七年（安政四年）八月，島津齊彬在仙巖園利用現存石燈籠鋪設煤氣管，成功點燃煤氣燈作為照明之用。島津齊彬原打算將煤氣燈於藩內普及化，卻因他的死最終未能實現。

畢竟島津齊彬始終是蘭癖大名，也會追趕西洋文化潮流。同年九月十七日在藩士市來四郎等人的協助下，島津齊彬成功利用銀版攝影法，拍攝了日本史上首張相片，這張相片至今仍保存在仙巖園的尚古集成館。

由於薩摩藩內無煤礦，因此需要使用大量木炭作為燃料。為提高生產木炭白炭的效率，島津齊彬派人前往紀州藩取經，學習製作備長碳。一八五八年（安政五年）島津齊彬在寺山（鹿兒島縣鹿兒島市）三處設置炭窯，將寺山的木炭供應予仙巖園一帶的反射爐及高爐等一系列設施，以製作玻璃及陶瓷等等。

相比當時諸大名只學習西方軍事技術，島津齊彬眼光早已進一步擴闊，仿效西方產業發展，也是當時唯一敢於全面實行的大名，讓薩摩藩的實力在江戶幕府末期一直處於領先地位。

支持一橋慶喜爭奪將軍寶座

島津齊彬除了積極推動改革外，與鍋島齊正的最大不同之處，就是關心日本政局，因此其評價比鍋島齊正更高。島津齊彬早在繼位之前，便與松平慶永（松平春嶽）、土佐藩主山內豐信（山內容堂）等當時著名的藩主熟絡，經常論政，島津齊彬更曾向阿部正弘提出改革幕政，造就日後的「安政幕政改革」。培里叩關（史稱「黑船來航」）後，島津齊彬先後提倡公武合體、武備開國等主張，歷史也按照著其主張推進。

除了黑船來航的外憂，島津齊彬還要面對將軍繼承權這內患。黑船來航後不久，將軍德川家慶病逝，由兒子德川家定繼位。不過德川家定自幼病弱，更疑似患上腦癱症。

1
2

1｜薩摩藩主島津齊彬居城鶴丸城（鹿兒島城），圖為鶴丸城入口。
2｜島津齊彬曾在仙巖園興建反射爐。

無論老中還是諸藩大名均憂心德川家定命不久矣，於是及早安排繼任人選，島津齊彬無法避免地被捲入繼位權鬥爭。一橋派的水戶（茨城縣水戶市）藩主德川齊昭，支持自己的兒子一橋慶喜（德川慶喜）繼位；南紀派的彥根（滋賀縣彥根市）藩主井伊直弼，則

篤姬不是為了一橋慶喜才嫁入德川家？

一般小說電視劇提到，島津齊彬為了一橋慶喜勝出繼承權之爭，於是與將軍德川家結緣，送出養女篤姬嫁入德川家，從內部進行遊說。不過這個說法於歷史上存在誤解。

事實上這段婚姻不但由將軍家的大奧[3]提出，而且在德川家定成為將軍前就已經拍板定案。德川家定本來就身體虛弱，不過更糟的是其正室比他更弱，接連早死之餘更無所出。大奧內部有見及此，想到上一代將軍德川家齊產量驚人，因正室為島津家的廣大院之故，所以主動向島津家再締姻緣。至於島津家自廣大院死後，與將軍家不再是姻親而地位下降，加上與琉球的祕密貿易關係需要江戶幕府支持，因此島津家歡迎與將軍家再結良緣。

雙方達成共識後，島津齊彬認為一族女子當中，以堂妹篤姬體格比較健康，遂在一八五三年（嘉永六年）收篤姬為養女籌備姻親工作。這時候正值黑船來航、德川家定剛即位，德川齊昭仍未提出繼承權問題。因此篤姬下嫁德川家定是為了一橋慶喜這說法，近年已遭學術界否定。篤姬下嫁只是按照昔日決定進行，協助推舉一橋慶喜一事，只是藉著此事所搭上的「順風車」而已。

支持紀伊（和歌山縣和歌山市）藩主德川慶福（德川家茂）繼承。

島津齊彬考慮到德川慶福仍是小孩，認為由年長且風評不俗的一橋慶喜出任將軍比較合適，遂支持並協助德川齊昭推舉一橋慶喜。島津齊彬在一八五六年（安政三年）十一月將養女篤姬下嫁予德川家定，企圖利用篤姬影響力，遊說德川家定支持一橋慶喜作繼任人。

出師未捷身先死

只可惜人算不如天算，先是一八五七年（安政四年）阿部正弘急逝，然後一八五八年（安政五年）四月井伊直弼在大奧的支持下出任大老一職，同年六月正式指定德川慶福為繼承人，南紀派獲得最後勝利。

此時島津齊彬正積極遊說朝廷，擬要求天皇下旨讓一橋慶喜成為將軍繼任人。當島津齊彬知悉井伊直弼強推德川慶福成功後，簡直氣炸了。島津齊彬深知等待一橋派的結局，只會被井伊直弼所清算，於是加緊練兵，企圖率領五千名配上西式裝備的薩摩軍，上洛抗議做終極一博。

果不其然，德川慶福成為繼承人後，井伊直弼出手對付一橋派。七月五日井伊直

4 | 3
5 |

3｜島津齊彬重點發展集成館事業，圖為1865年（慶應元年）落成的舊集成館機械工場。

4｜島津齊彬在天保山練兵後病倒急逝，圖為天保山附近的島津齊彬御陣屋跡。

5｜位於照國神社的島津齊彬像。

島津斉彬御陣屋跡
Site of Shimazu Nariakira's war Camp

弼利用德川齊昭等一橋派未經許可擅自登城的一時衝動，下達對他們處分，正式掀起「安政大獄」序幕。

就在雙方劍拔弩張之際，死神卻悄然來臨。德川家定在處分德川齊昭後翌日不幸撒手人寰；兩日後的七月八日，長期奔波勞累的島津齊彬，在鹿兒島城下天保山檢閱練兵後當晚發病。經過八日搶救無效，最終在七月十六日病逝，享年四十九歲，死因暫時以當時流行的霍亂最為有力。島津齊彬縱使千不般萬不願，也只能抱憾未完之志離開世上。

島津齊彬的倒下，正是「出師未捷身先死，長使英雄淚滿襟」，這裡的英雄指誰？就是島津齊彬不問出身，大膽起用下級武士的西鄉隆盛及大久保利通等人。這群島津齊彬起用的下級武士，日後支撐著薩摩藩未來，連同島津齊彬短短七年改革所留下來的遺產，讓薩摩藩在島津齊彬死後繼續日益強盛。最終西鄉隆盛繼承島津齊彬出兵上洛心願，只是目的由改革江戶幕府，轉變為推翻江戶幕府而已。

---

1 島津家別邸庭園。

2 熔礦爐。

3 將軍子女、正室側室及侍女居住的地方，由女性主導管治。

品川台場

開國之始！黑船來航！

一八五三年（嘉永六年）六月三日下午五時，美國東印度艦隊司令海軍准將馬修・培里率領四艘軍艦停泊在浦賀（神奈川縣橫須賀市）外的江戶灣上。當中有兩艘為當時最先進的蒸氣外輪巡防艦，分別是旗艦薩斯奎哈納號（Susquehanna）及密西西比號（Mississippi），亦是首次有蒸氣船駛進日本。另外兩艘則是帆船砲艦普利茅斯號（Plymouth）及撒拉托加號（Saratoga）。培里此行目的，誓要打破日本「鎖國」局面。

日本人雖看過西洋船，卻首次見蒸氣船，被其外貌嚇呆了！漆黑的船身，船上黑色煙囪噴發黑煙，以蒸氣動力驅動船身的外輪曳動船隻航行。日本人看在眼裡，西洋船竟然毋須靠風力驅動而嘖嘖稱奇，因此稱為「黑船」。蒸氣船的出現，更吸引了一大批人慕名而來觀賞。

「培里」的早期譯名

Perry 這個音譯的名字，無論是「培里」或「佩里」都有人使用，但考究其最早的譯法，培里在一八五四年（嘉永七年）再次訪日之際，香港人羅森以通譯身分隨船到來，羅森在逗留日本期間，將所見所聞集結成〈日本日記〉，並刊登於香港首份中文報刊《遐邇貫珍》，日記以「被理」稱呼這位提督，是現存最早可追溯的中文史料。至於日本又怎樣以漢字稱呼培里呢？日本多數以「彼理」稱之，也有以「伯理」稱呼。例如德富蘇峰的《吉田松陰》、米山梅吉的《提督彼理：開国先登》，具稱「彼理」。

對於黑船來航，這時候江戶流傳著一首著名狂歌為諷刺，「太平睡眠一覺醒來，只喝四杯上喜撰夜不能眠」。當時大船隻以「杯」為量詞，上喜撰日文與蒸汽船同音，暗喻美國這四艘蒸汽船[1]令日本無法再過安穩太平日子。

遞交書信，一波三折

當培里來到浦賀，浦賀奉行[2]戶田氏榮派遣與力[3]中島三郎助等人上船與培里接觸。最初美軍看到中島三郎助不是什麼重要角色，遂打發他們要求派遣更高級官員。此時中島三郎助急中生智，自稱「第二把手」副奉行，順利登上薩斯奎哈納號與美軍交涉。

不過培里依舊嫌棄中島三郎助身分太低，交由副官約翰．康德（John Contee）出面。康德不但拒絕中島三郎助提出前往長崎的要求，更告知此行是將美國

「黑船」一詞來自戰國時代

現在談到「黑船」，通常指黑船來航時的蒸氣船。不過根據日本古籍記載，「黑船」一詞最早可追溯至一五八七年（天正十五年）六月十九日《吉利支丹伴天連追放令》。當時歐洲正值大航海時代，歐洲人為防止大帆船船艙進水，會在船外塗上黑色樹脂作為防水用，日本人看到這些黑色西洋船便稱為「黑船」。豐臣秀吉在一五八七年驅逐天主教徒時，便以「黑船」稱呼西方貿易船。

總統米勒德．菲爾莫爾（Millard Fillmore）[4]的親筆信交予將軍，遂要求派遣更高級的官員接信。翌日戶田氏榮另派與力香山榮左衛門，與康德再商討。這次香山榮左衛門自稱「浦賀奉行」，重申應將書信交予長崎的「長崎奉行」。面對江戶幕府未派遣更高級官員態度，更要求駛往長崎，這下子培里火了。培里汲取前人開國失敗教訓，強硬地表示給予江戶幕府三日為限，要求派遣高級官員，否則將率艦北上江戶並登陸，直接將親筆信交予將軍手中。

此時將軍德川家慶病入膏肓，臥病在床與死神博鬥，國家大事交由老中首座[5]阿部正弘負責。阿部正弘正忙著處理將軍病危及籌備世嗣德川家定繼位工作，忙得不可開交。培里偏偏這個時候來添亂，阿部正弘自然無心理會。

培里眼看期限快到，江戶幕府仍無動於衷。為證明這並非口頭威嚇，也試探江戶幕府的底線，培里於六月六日早上派遣測量船隊北上，深入江戶灣內二十公里，並以密西西比號相陪。「黑船」進一步駛近江戶，像在警告江戶幕府應接受美國要求。

培里這樣在江戶外海一吵，給予江戶幕府很大的衝擊，讓更多人知道「黑船」的厲害。面對培里苦苦相逼，這下子阿部正弘心慌了，逼不得已答應培里要求，回覆再用「拖字訣」打發培里。

六月七日阿部正弘下令另一位浦賀奉行井戶弘道，安排培里上陸，並舉行隆重接待儀式接收親筆信。

六月九日，戶田氏榮及井戶弘道按照阿部正弘吩咐，安排培里在浦賀附近的久里浜（神奈川縣橫須賀市）登陸，並讓江戶幕府、川越藩及彥根藩等軍隊在場戒備，營造隆重的感覺。培里眼見江戶幕府大陣仗招待自己，以為會面兩人必定身分高貴，不虞有詐，將親筆信交予兩人。兩人以將軍病重為由，要求一年後回覆美國，但畢竟「薑是老的辣」，培里心知如不交代清楚，又會被戲耍，於是明言一年後聽取江戶幕府的「回應」。培里完成任務後，留下伏筆，在六月十二日離開日本，經琉球回到香港。

建造品川砲台以防衛培里

阿部正弘接過前美國總統菲爾莫爾的親筆信一看，相對培里的強硬態度，菲爾莫爾的態度則婉轉多了。信中重申美國無意侵略，只想日本開港通商，更提出以五年至十年為期

培里曾砲轟江戶

沒錯，培里曾砲轟江戶，不過是空砲。培里逗留日本期間，分別為慶祝美國獨立紀念日、發號令及匯合的目的，在江戶灣內發射數十發空砲。雖然事前曾通知江戶幕府，不過江戶百姓首次聽到大砲聲時還是引發大混亂，其後江戶人知道是空砲後，卻對那種猶如煙花的聲音感到歡喜。

限，讓日本試行開國。由於美國利用蒸氣船橫渡太平洋到日本需時十八天，因此亟需日本作為補給站，前往亞洲各國。美國希望試行期間，日本成為美國的補給站，美國捕鯨船可以在日本近海進行捕魚，江戶幕府協助拯救遇難船隻船員，提供水及食物等補給，以及兩國通商等等。

不過阿部正弘當下無暇處理日本開國一事，皆因江戶幕府幾經艱辛送走培里後十日，將軍德川家慶便於六月二十二日因心臟衰竭離世。德川家定雖然即位，卻不幸患上腦癱症，政務只好仍然由阿部正弘負責。

阿部正弘深明開國乃大勢所趨，西方也容不下日本獨善其身，只是國內攘夷[6]情緒高漲，讓阿部正弘左右為難。阿部正弘為打開當下困局，於是上至朝廷大名、下至武士百姓，廣開言路收集意見尋求對策。不過此舉讓諸大名乘機介入國家決策，導致江戶幕府權威進一步衰落，地方雄藩及朝廷權威卻因此增強，此消彼長，埋下江戶幕府日後倒台遠因。

為了應付培里再次來日，阿部正弘做出不少努力，例如提拔岩瀨忠震、永井尚志等有識之士加入海防掛[7]，為日後開國做準備。阿部正弘廣徵意見雖然成效不彰，沒多少有用之策，但在海防上卻有意外收穫。為防止培里對日本動武，江戶幕府終於意識到加強海防為當務之急，正所謂「亡羊補牢，猶未晚也」，阿部正弘接納伊豆韮山代

1
2

1｜品川台場令培里打消北上江戶的念頭，圖為品川台場第三砲台上的砲台架遺跡。

2｜培里在久里浜登陸，當地在1901年（明治34年）建立，由伊藤博文揮毫「北米合眾國水師提督伯理上陸紀念碑」，現址為培里公園。

官江川英龍意見，仿效西方做法，於江戶灣上建造洋式海上砲台保護江戶，也就是日後的品川台場（東京都港區），即是現今大家熟悉的東京台場一帶。

江川英龍負責興建品川台場，原案是在鄰近江戶的品川對開江戶灣上，相隔一定距離建造十一座海上砲台以保護江戶。綜觀當時近代化軍事實力，以佐賀藩最為著名，阿部正弘遂尋求佐賀藩協助建造品川台場，更在同年八月向其訂造五十門鐵製洋砲作為品川台場海防之用。至於砲台的土壤，則削平附近高輪的八山（東京都港區）及御殿山（東京都品川區）移山填海。由於江戶幕府希望在培里來日前完成，因此興建品川台場可說是與時間競賽。江戶幕府為提升效率，更在日間封鎖東海道的高輪一帶禁止通行。只是局勢瞬息萬變，江戶幕府萬沒料到培里竟提早東來。

日本正式結束鎖國時期

回到香港的培里，在得知德川家慶死訊後，擔心將軍之死令日本開國出現變數。培里眼見援軍陸續匯合，遂無視一年之約，於一八五四年（嘉永七年）年初提前出發再赴日，要求江戶幕府正式回覆。

一月十四日培里旗下的補給艦南安普頓號（Southampton）率先來到浦賀外的江戶

灣。兩日後培里艦隊主力，包括三艘蒸氣外輪巡防艦：旗艦波瓦坦號（Pawhatan）、薩斯奎哈納號及密西西比號，二艘帆船砲艦：馬其頓號（Macedonian）及萬達利亞號（Vandalia）及補給艦列克星頓號（Lexington）共六艘抵達。二月六日撒拉托加號前來增援，最後二月二十一日補給艦支援號（Supply）來到江戶灣，培里九艘遠征艦隊最終集結完成。

培里來日時發生一段小插曲，一月十日馬其頓號在三浦半島一帶觸礁（神奈川縣三浦市）。浦賀奉行所抱著救人如救火的心態，未待江戶幕府指示便參與救援工作，協助培里派來救援的密西西比號穩定船身，最終成功拯救馬其頓號逃離險境。

江戶幕府對培里「早到」大為震驚，當時作為江戶的最後海上堡壘品川台場還沒完工。江戶幕府預料無法抗衡，遂於一月二十五日提出在浦賀的館浦（神奈川縣橫須賀市）與培里商談開國細節，卻遭培里拒絕。培里認為在江戶外進行交涉，不受江戶幕府重視，遂強烈要求在江戶磋商，不然江戶外圍的品川或川崎（神奈川縣川崎市）亦可接受。培里還沒等到江戶幕府的回覆，又想故技重施北上靠近江戶威嚇，不過這一次輪到培里碰釘子。

當培里來到品川外江戶灣時，發現海上的品川台場。此時品川台場雖然共建造七座砲台，但實際完成的只有一、二、三、五及六號這五座。每座砲台由石垣包圍，呈

5 | 3 / 4

3 | 品川台場當時共建成五座，圖為品川台場第六砲台。

4 | 培里其後來到下田，圖為下田市為紀念培里登陸建立銅像。

5 | 培里在下田了仙寺簽訂《下田條約》。

正方形或五角形，砲台上架設佐賀藩新製的國產洋砲，並由士兵駐守。培里看到品川台場立即面有難色，無法繼續北上到江戶嚇嚇新將軍了。畢竟培里雖然口頭強硬，心裡其實也不想跟江戶幕府開戰。為免擦槍走火，培里只好打消念頭，並在二月一日同意於橫濱（神奈川縣橫濱市）交涉。

江戶幕府於二月六日在橫濱設置招待所，以儒學家林復齋為代表，與培里就開國問題正式磋商，展開漫長拉鋸戰。最初林復齋同意拯救遇難船員，並向遇難船隻提供水、食物、石炭等援助，唯獨通商一事無法承諾。培里對林復齋願意做出讓步，表示不再堅持通商要求。林復齋遂提出新建議，給予江戶幕府五年時間籌備，開放港口作為美國避難港之用，期間以長崎作為避難港。培里認為建議有誠意，開國之路露出曙光，於是獻上美國土產以示友好，當中包括一比四蒸汽火車模型等一百四十件物品。開放港口方面，江戶幕府同意開放下田（靜岡縣下田市）及箱館[8]（北海道函館市）兩個港口。培里則要求下田可派官員進駐，並設遊步區讓外國人自由走動。最終江戶幕府准許下田方圓七里內為遊步區，開港日則定為翌年四月或五月。

經過近一個月的磋商，日美兩國終於談妥，兩國正式於三月三日於橫濱簽署全數十二條的《日美和親條約》。培里表示按照國際法，美日兩國文書均需兩國代表簽署，卻遭江戶幕府反對，最終培里按江戶幕府的意思，在各自版本上單獨簽署便可。江戶幕府自三代將軍德川家光以來，長達逾兩百年的鎖國政策終被打破，此舉當然引起攘夷派的不滿，令江戶幕府地位岌岌可危。

條約雖然簽好了，但培里無意離開。培里不知道江戶幕府所說的下田及箱館是什麼地方，萬一是胡謅，豈非吃大虧？培里要求江戶幕府准許前往兩地視察。培里先在三月前往下田視察，然後四月下旬來到箱館。培里在箱館期間趁機提出於當地設立遊步區等額外要求，卻被江戶幕府要求回到下田再議，於是培里在五月八日啟程回到下田。五月二十二日，日美雙方在下田的了仙寺，就早前條約細節再補簽十三條條款，是為《下田條約》，當中亦應培里要求在箱館設立方圓五里解禁區。培里來日任務終於大功告成，滿心歡喜的培里，於六月一日正式離開日本。美日兩國簽訂《日美和親條約》，為日本開國踏出重要的第一步。

1 事實上僅兩艘。
2 執行政務的行政官員。
3 輔助奉行的中級官員。
4 正確來說應該是前總統。在培里航行日本期間，菲爾莫爾參選新一屆美國總統大選落敗，富蘭克林．皮爾斯（Franklin Pierce）成為新一任美國總統。
5 老中內部最高負責人。
6 反對與西方人交流通商，不惜以武力排除西方人。
7 江戶幕府內負責海岸防衛的非常設職位。
8 即現今函館。

萩城

倒幕四雄藩：長州

明治維新的推手：吉田松陰與他的倒幕之夢

一八三〇年（文政十三年）八月四日，長州藩主城萩城（山口縣萩市）一位俸祿僅二十六石的下級藩士杉常道再獲麟兒，就是日後聞名天下、大大改變日本命運的吉田松陰。

由於上有兄長，因此吉田松陰四歲時被過繼給叔父、山鹿流兵學師範[1]吉田賢良為養子，只可惜吉田賢良在翌年便逝世。

杉常道非常尊崇天皇，經常朗讀〈文政十年之詔〉、〈神國由來〉，以及賴山陽等詩句給兒子聽，令吉田松陰自幼便抱持著尊王思想。吉田松陰本身好學不倦，在跟隨父兄到田裡工作時，一邊耕作、一邊閱讀四書五經，即使入夜也不忘讀書。天資聰敏的吉田松陰，年僅九歲便深懂山鹿流兵學精髓，出任長州藩藩校明倫館的兵學師範；十一歲更在長州藩主毛利慶親面前進行演講，獲毛利慶親肯定其表現出色。

長州藩雖然建立明倫館，但僅限士族入學，萩城百姓無法得到學習機會。吉田松陰的小叔父玉木文之進，認為教育不應是上層階級的專利，於是在一八四二年（天保十三年）於城外的松本村（山口縣萩市）開設私塾「松下村塾」，讓教育普及化。松下村塾打破身分隔閡，只要有心向學的人無論是武士還是百姓皆歡迎，好學的吉田松陰亦拜入門下。據傳玉木文之進指導嚴厲，不容塾生不專心上課。有一次吉田松陰上課時只是趕走臉上蚊子，便遭玉木文之進毆打。

吉田松陰很早便感受到時代變遷，當鴉片戰爭消息傳到日本後，便打算學習西洋兵學知識。為了拓寬視野，吉田松陰遂展開連串遊學之旅，足跡遍布日本各地。一八五〇年（嘉永三年）吉田松陰前往九州，途中結織肥後（熊本縣熊本市）藩士宮部鼎藏，兩人一見如故，迅速成為好友。接著再到江戶遊學，拜著名蘭學家佐久間象山及安積艮齋為師。

一八五一年（嘉永四年），吉田松陰與宮部鼎藏策畫東北之旅，吉田松陰為遵守約定日期出發，竟等不及長州藩發出的通行證，便逕自於十二月十四日離開江戶，此舉形同脫藩。兩人匯合後，先到水戶（茨城縣水戶市）與大學者會澤正志齋會面，繼而到會津若松（福島縣會津若松市）的日新館參觀，再北上秋田（秋田縣秋田市），然後到津輕海峽[2]參觀外國船隻。「出來混，遲早要還的」，吉田松陰脫藩遊走東北，回到江戶等待著他的，自然是長州藩大問興師之罪，結果吉田松陰被

吉田松陰真的認識山本覺馬？

大河劇《八重之櫻》裡，吉田松陰與會津藩士山本覺馬因同拜佐久間象山門下而互相認識，其後吉田松陰往東北旅行時更拜訪山本覺馬。不過歷史上真是如此嗎？根據吉田松陰流傳的日記《東北遊日記》記載，吉田松陰逗留會津七日期間，並未與山本覺馬會面，日記裡也並未提及山本覺馬。因此吉田松陰認識山本覺馬，也許不過是為了配合劇情而作。

剝奪士族身分，沒收俸祿。

對西學的追求與偷渡出國

一八五三年（嘉永六年）六月三日，培里率領「黑船」來日本叩關。蒸氣驅動的「黑船」首次現身江戶灣，對熱中學習西學的吉田松陰而言，又怎能錯過親眼目睹的機會呢？在見識過「黑船」的厲害後，激起吉田松陰出國留學的欲望。不過在放眼世界的同時，尊王思想深厚的吉田松陰，更是一位攘夷派，不忘對美國的強硬開國感到憤慨。吉田松陰事後曾寫信給宮部鼎藏，表示培里來年叩關時，要讓他嘗嘗日本刀的鋒利云云。

當時吉田松陰年僅二十三歲，仍是血氣方剛之齡，認識了同鄉金子重之輔並收其為徒。兩人年紀相近，志趣相投，想出國了解更多未知世界。雖然偷渡出國在江戶時代是大罪，但兩人心意已決。只不過培里的黑船已經離去，吉田松陰又該如何偷渡往外國？

就在黑船來航一個半月後，俄羅斯海軍中將普提雅廷（Yevfimiy Putyatin），於七月十八日率軍艦來到長崎要求通商。吉田松陰兩人聞訊火速趕到長崎試圖偷渡，不過吉田松陰來得快，普提雅廷走得更快，在普提雅廷收到英國將襲擊俄國遠東領地的情報後，不斷遊走各地，提防英國艦隊。當兩人來到長崎，普提雅廷早已揚帆出航，兩人撲了一場空，只好失望地回到江戶。

翌年一月，培里再到日本，三月三日簽定《日美和親條約》後，便率艦停泊於下田。事不宜遲，吉田松陰與金子重之輔兩人來到下田，棲身附近的弁天島。兩人打算乘夜摸黑登艦，懇求培里帶他們偷渡出國。

因天氣惡劣，首次嘗試登艦失敗後，吉田松陰兩人再接再勵，於三月二十七日深夜，悄悄偷取弁天島上漁民的小艇，划向培里身處的旗艦波瓦坦號。兩人雖然成功登艦，並向美方要求攜同他們離開日本，卻慘遭閉門羹。此時美國剛與日本簽訂條約不久，培里不想在此骨節眼上節外生枝，避免因協助日本人偷渡影響兩國關係。培里拒絕與吉田松陰會面，命令下屬拒絕他們的偷渡要求。更糟的是，吉田松陰兩人沒想過會遭培里拒絕，所乘小船已被海流沖走，他們只能在美軍水手的陪同下，乘坐艦上小艇被遣返。由於吉田松陰兩人的行李還留在所盜小船上，因此他們認為偷渡失敗東窗事發只是時間問題，於是放棄偷渡計畫自首。

等待著吉田松陰及金子重之輔兩人的，是審問及囚禁生活，兩人先被送往下田的番所[3]，四月十一日再被送至江戶伝馬町（東京都中央區）監牢。兩人偷渡一事更波及吉田松陰的西學老師佐久間象山，部分江戶幕府官員早已看佐久間象山不順眼，此時借題發揮，將佐久間象山也拉進伝馬町監牢，更有甚者，認為三人應同判死罪。

不過，在幕臣川路聖謨的努力求情、加上老中首座阿部正弘及老中松平忠固反對死刑之下，三人總算逃過死劫，被判各自回藩國蟄居。吉田松陰及金子重之輔回到萩後，吉田松陰因士族背景，囚禁在待遇較好的野山獄；金子重之輔因為不是士族，只能囚禁於關押一般人的岩倉獄。

吉田松陰在囚禁於野山獄的期間好學不倦，在獄中向囚犯講解《論語》、《孟子》，日後集結成《講孟箚記》。此外，吉田松陰在獄中將自身思想、偷渡動機經歷，以及對世界的看法寫成《幽囚錄》，一方面感慨日本落後，對西方屈膝，另一方面提倡學習西方自強，並高舉尊王旗幟，展露攘夷與對外擴張的野心，對日後明治維新「富國強兵」路線產生很大的影響。

一八五五年（安政二年）十二月，吉田松陰獲長州藩准許出獄，改為家中幽禁處分。不過金子重之輔卻沒那麼幸運，等不及出獄，便因岩倉獄環境惡劣，病死獄中，得年二十三歲。

種下倒幕的基礎

一八五七年（安政四年）對吉田松陰來說是一個轉捩點，十一月時，吉田松陰繼承伯父久保五郎左衛門的松下村塾。當消息傳出後，不少人仰慕吉田松陰的才學紛紛報讀。松下村塾因入學不問出身，吸納不少優秀人材，估計當時塾生大約五十人。

吉田松陰的教學獨樹一幟，不只背誦古籍，還帶塾生攀山游泳，做體能訓練。同時跟塾生交流意見，更針對日本時局評論，因此深受塾生愛戴。吉田松陰除宣揚其中心思想《幽囚錄》外，還提倡「一君萬民論」，主張「天下並非萬民的天下，天下是一人之天下」，一人是指天皇，引伸出國家由天皇所統治，萬民無論百姓、大名甚至將軍皆平等臣服於天皇之下。「一君萬民論」，否定江戶幕府的權威，獨尊天皇，不僅渲染著松下村塾塾生，更影響日後明治維新，甚至深植現今日本人對天皇的尊崇。

為搶先收集全國最新情報，吉田松陰創立「飛耳長目」情報網。吉田松陰的線人分布全國，讓其安坐萩亦能知天下事。即使吉田松陰後來再被關進野山獄，亦能透過塾生繼續掌握情報。吉田松陰同時向長州藩進言，向全國主要大藩派員收集情報，另設立「報知賞」獎金，鼓勵在江戶及長崎遊學的長州藩士回報最新消息等等。

安政五年（一八五八年），江戶幕府與美國簽訂《日美修好通商條約》，吉田松陰對江戶幕府不但向美國低頭，更未經天皇批准擅自簽約大怒，滿腔熱血策畫謀反。他打算趁江戶幕府老中首座間部詮勝上洛、向孝明天皇解釋時，強逼間部詮勝取消條約並攘夷，若不從則刺殺。吉田松陰要脅間部詮勝的大膽計畫，雖然純粹出自於對天皇的忠誠，不過從他人來看就是瘋狂，就連高杉晉作、久坂玄瑞等塾生，都勸阻吉田松陰切勿輕舉妄動。長州藩不想得罪江戶幕府，更視吉田松陰為思想偏激的危險分子，擔憂「走火入魔」連累長州藩，遂在十二月再次將他囚禁於野山獄。

吉田松陰眼見計謀不成，又心生另一計。趁毛利敬親路經伏見（京都府京都市）時將其截停，讓攘夷派公卿大原重德進行遊說，然後兩人上洛謁見天皇，彈劾江戶幕府擅自簽約。這次不只塾生反對，連友人桂小五郎[4]亦表示異議。松下村塾僅入江九一兄弟響應，令吉田松陰感到被孤立大為失望。「伏見要駕策」傳入長州藩耳中，為免夜長夢多，長州藩迅速作出行動，將入江九一兄弟打進岩倉獄。

對於計畫一再被打壓，吉田松陰逐漸對長州藩高層不抱信任，認為他們與江戶幕府沆瀣一氣，身於獄中的他遂提倡「草莽崛起論」。吉田松陰認為無論是江戶幕府還是各藩高層要員都是草包，不指望他們拯救日本，唯有「草莽」[5]奮起站出來，才能以他們的力量進動改革。吉田松陰更批判江戶幕府的存在，是對日本最大的阻礙，應推翻江戶幕府由天皇親政。此時吉田松陰已由一般的尊王派，進化成倒幕先驅者。

吉田松陰的「草莽崛起論」後來被廣泛應用。高杉晉作日後組織「奇兵隊」便以百姓及下級武士為主，薩摩、長州兩藩後期藩政，不少下級武士皆有參與、甚至作出主導，最終促成倒幕大業。

1
2

1｜長州藩主城萩城，城下町孕育出不少優秀人材，本故事主角吉田松陰亦是其一。

2｜吉田松陰曾在下田偷渡出國，不過遭培里拒絕事敗自首，圖為下田的吉田松陰及金子重之輔像。

倒幕開花結果

就在吉田松陰身處囹圄之時，一八五九年（安政六年）四月二十日，江戶幕府下令長州藩將吉田松陰押往江戶受審。當時江戶幕府正掀起安政大獄，無論長州藩還是吉田松陰，都以為「間部要擊策」傳入江戶幕府耳中而受牽連。

不過當吉田松陰在六月二十五日來到江戶的伝馬町牢屋接受審問時，才知道江戶幕府因激進攘夷派梅田雲濱滯留萩期間，曾與其接觸而受牽連。江戶幕府主要盤問兩人對話，以及投書京都御所中傷江戶幕府的文章。過程原本相安無事，江戶幕府亦接受吉田松陰解釋而準備放人之際，不料吉田松陰卻自行和盤托出企圖刺殺間部詮勝的「間部要擊策」。江戶幕府對吉田松陰圖謀大為震驚，於是將其打入牢屋。經過三次審訊，事情急轉直下，對吉田松陰越加不利。吉田松陰自知大限將至，於是在十月二十五日及二十六日於獄中寫下遺書〈留魂錄〉，開首名句「縱使身朽武藏野，永垂不朽大和魂」充分展現視死如歸之志，並將審問經過、想法及後事交代妥當。

翌日江戶幕府宣判吉田松陰死刑，並即日於伝馬町牢屋內問斬，得年二十九歲，留下辭世詞「吾今為國死，死不背君親。悠悠天地事，鑑照在明神。」彰顯其尊王之志。

吉田松陰之死，對長州藩猶如投擲一顆震撼彈，特別是松下村塾塾生更悲痛萬分，吉田松陰在眾人心中地位影響無可代替。塾生們認為，吉田松陰的死是江戶幕府憚忌其激進倒幕思想，於是繼承其倒幕精神，推動長州藩成為倒幕先驅。

在吉田松陰的用心教導下，松下村塾人材輩出，他們日後晉身並主導長州藩，甚至影響整個幕末時代以至明治時代的歷史。松下村塾塾生首推高杉晉作及久坂玄瑞，被譽為「識之高杉，才之久坂」，乃松下村塾「雙璧」。兩人加上吉田稔麿及入江九一合稱「四天王」。四人活躍於幕末時代，引導長州藩成為倒幕象徵。進入明治時代後，伊藤博文、山縣有朋等人秉承吉田松陰的志向，活躍於新政府。另一位長州藩名人桂小五郎，雖未曾入讀松下村塾，唯就讀明倫館時曾獲吉田松陰教導。吉田松陰對長州藩以至日本的影響，可說相當深遠。

「星星之火，可以燎原」，吉田松陰這團倒幕星火，在塾生繼承下如強風吹襲般燒遍日本全國。沒有吉田松陰高舉倒幕大旗，沒有他的死震撼人心，其弟子也未必會繼承其志踏上倒幕之路……也許當初培里願意帶吉田松陰出走美國的話，日本的歷史將完全被改寫。

---

1 具備教師的資格。
2 北海道與青森縣之間海峽。
3 類似現今的派出所。
4 維新三傑之一：木戶孝允。
5 指一般百姓及下級武士。

5 | 3 / 4

3｜吉田松陰接手松下村塾，作育不少傑出英才。

4｜吉田松陰被問斬之地，現址十里公園留下「松陰先生終焉之地」石碑。

5｜當吉田松陰被押往江戶時，曾在萩城外的涙松停留，留下名句「若認此行不歸，涙涔涔處涙松」。

高知城

倒幕四雄藩：土佐

土佐藩與前藩主山內容堂的兩難

自一八六六年（慶應二年）一月八日，薩摩藩與長州兩藩結成「薩長同盟」後，江戶幕府隨著征伐長州藩失敗，以及將軍德川家茂與孝明天皇病逝，聲勢已江河日下。繼位的新將軍德川慶喜，力圖重振昔日江戶幕府權威，卻與薩摩藩等雄藩希望聯政的想法相違。一八六七年（慶應三年）五月，薩摩藩在經歷四侯會議[1]失敗後，徹底對江戶幕府死心，正式籌備武力推翻江戶幕府。五月二十一日，在土佐藩士中岡慎太郎的斡旋下，薩摩藩重臣西鄉隆盛及小松清廉，與土佐藩士乾退助等人，於京都的小松帶刀寓所簽定「薩土密約」。約定當薩摩藩出兵倒幕時，土佐藩也共同出兵。

土佐藩之所以簽下「薩土密約」，實情是乾退助等人先斬後奏的自行決定。當時土佐前藩主山內容堂雖已退位，但實權仍然掌握在其手中。由於乾退助在事前一直未獲山內容堂接見，只好在簽定密約後翌日正式向山內容堂匯報。出乎意料之外，遵從先祖教誨心繫江戶幕府的山內容堂，竟然承認密約。這位「鯨海醉侯」經常喝得酩酊大醉，對江戶幕府態度常飄忽不定，當時志士們曾揶揄他「醉時勤皇，酒醒佐幕」，也許那時正值宿醉未醒的狀態吧。

山內容堂是一位善於判斷形勢的人，眼見江戶幕府大勢已去，藩內倒幕派聲勢日漲，也不得不接納倒幕派意見，立即重用乾退助，命其回國改革土佐藩軍制，進行軍隊近現代化。雖然身為公議派[2]的山內容堂，不希望江戶幕府獨大，但更不想江戶幕府被推翻消滅。在一片倒幕風潮下，山內容堂苦惱如何為江戶幕府尋找一條新出路，並寄望其得力重臣後藤象二郎能否想到解困之策。

此時後藤象二郎正在長崎，為藩士坂本龍馬的海援隊出頭，就伊呂波丸沉沒事件向紀州藩索償。當海援隊索償成功後，後藤象二郎事不宜遲，於六月九日乘坐藩船「夕顏丸」從長崎趕往京都參加四侯會議。正當後藤象二郎出發之際，坂本龍馬卻要求陪同隨行。一般認為坂本龍馬一心推動公議政體論，於是希望遊說山內容堂，勸說將軍德川慶喜「大政奉還」，主動交出政權並接受與雄藩聯治。就在這趟航行中，坂本龍馬將自身擬好的八點政治綱領，率先向後藤象二郎推銷，並由海援隊成員長岡謙吉記錄，後世稱為「船中八策」。

坂本龍馬「船中八策」的內容是：

一、天下政權歸回朝廷，政令由朝廷所出。（大政奉還）

二、設置上下議政局，由議員公議決定政事。（開設議會）

三、起用有才能公卿諸侯及天下人材並賜官職，廢除有名無實官員。（改革官制）

四、與外國交際廣納公議，並重新訂立條約。（修正條約）

五、折衷舊有律令，重新撰寫長遠法典。（制定憲法）

六、海軍應該擴張。（增強海軍）
七、設置天皇親衛兵守衛帝都。（設立親兵）
八、金銀貨物交易應按外國平均值釐定。（更正兌換）

後藤象二郎看罷後大喜，認為這份船中八策能平衡江戶幕府與雄藩之間的利益，雙方同在天皇之下攜手議政，避免日本陷入內戰危機。自此後藤象二郎成為坂本龍馬的忠實盟友，大力推銷船中八策。

希冀「大政奉還」的薩土盟約

當後藤象二郎及坂本龍馬兩人來到京都，打算向山內容堂推銷這條「絕世名策」時，四侯會議早就失敗散場了，山內容堂亦已經回到土佐。兩人仍不放棄，試圖在京都尋找志同道合之士推動船中八策，先後成功遊說藩內重臣寺村道成、真邊正心及福岡孝弟三人，此時薩摩藩留意到他們提倡的船中八策，而後藤象二郎亦想遊說薩摩藩，暫緩武力倒幕。雙方一拍即合，遂於六月二十二日於京都三本木（京都市上京區）的料亭[3]會談。

薩摩藩出席的有小松清廉、西鄉隆盛及大久保利通；土佐藩則是由後藤象二郎、寺村左膳、真邊正心及福岡孝弟出席，除兩藩重臣外，還有坂本龍馬及中岡慎太郎陪席。小松清廉等人認同後藤象二郎船中八策主張，於是與土佐藩另立薩土盟約，決定

「船中八策」是真是假

近年來有不少歷史學者質疑船中八策的真偽，暫時可以確定的是，「船中八策」這名字基本上是後人所創。雖然故事一早已經流傳，但有關這份政治綱領，在早期並沒有統一名稱，坂本龍馬曾稱為「大条理」[4]。「船中八策」這名字始見於大正時代，日後才被廣為採納。

有關船中八策內容，與其說是坂本龍馬原創，倒不如說是「拾人牙慧」，皆因當時的學者如幕臣勝海舟、福井藩顧問橫井小楠、上田藩士赤松小三郎等人早已提倡類近主張。對於周遊列國廣交朋友的坂本龍馬而言，與不同學者交流聆聽意見，汲納的他們思想精髓，從而歸納出時下可行對日本有利的政治方案，坂本龍馬可說是提煉出這份政治綱領的「集大成者」。

至於船中八策本身是否存在，由於長岡謙吉的紀錄已不存在，所以仍爭論不休。不過這份綱領基本上跟坂本龍馬在同年十一月所寫「新政府綱領八策」幾近相同，而坂本龍馬的手稿仍存於世，因此菊地明等支持派學者認為，船中八策為新政府綱領八策前身；至於青山忠正等否定派學者則認為，新政府綱領八策的行文格式，與坂本龍馬日常書信明顯不同，指出坂本龍馬不懂候文正確寫法，很難證明為其原創，因此推斷坂本龍馬只是抄寫新政府綱領八策而已。

兩藩出兵逼使德川慶喜大政奉還。與此同時，藝州藩（廣島縣廣島市）得知薩土盟約後，同樣對大政奉還抱有興趣，於是在六月二十六日另簽訂薩土藝盟約。

此時薩摩藩國父[5]島津久光失意於四侯會議，被德川慶喜耍得團團轉，無法制衡其獨大，正悶悶不樂之際，獲家臣匯報薩土盟約，感到欣喜。島津久光認為結合眾藩力量，向德川慶喜「逼宮」，也許能迫使其屈服接受雄藩聯政。於是島津久光在七月一日代表薩摩藩，正式同意寺村道成的約定書，翌日更設宴招待。薩摩藩正式確認盟約後，後藤象二郎、寺村道成及真邊正心三人事不宜遲，在七月三日先行離開京都返回高知，準備向山內容堂及藩主山內豐範進行匯報及遊說，預備十天後率領土佐藩兵上洛，企圖以諸藩聯軍武力啟動大政奉還。

後藤象二郎等人回到高知，向山內容堂正式推銷船中八策，並匯報薩土盟約。山內容堂對於船中八策大為讚賞，尤其是大政奉還王政復古的建議，非常合他的口味，認為既制衡江戶幕府，亦能拯救江戶幕府於水深火熱之中，避免滅亡。不過當談到薩土盟約部分，山內容堂對於出兵逼宮德川慶喜一事卻大力反對。畢竟江戶幕府對土佐藩來說是昔日的恩人，又豈能以兵相挾逼其就範？於是土佐藩出兵一事就被擱置了。後藤象二郎原定回京都向薩摩藩解釋，不料卻在這骨節眼上卻被捲入「伊卡洛斯號事件」漩渦。

1 | 土佐前藩主山內容堂居城：高知城。

2 | 高知城的坂垣退助像。乾退助促成薩土密約，日後改名坂垣退助活躍政壇，留下名句「板垣雖死，自由不滅」。他在本書後篇也大為活躍啊！

「伊卡洛斯號事件」事發在七月六日，位於長崎的英國船隻伊卡洛斯號，其英籍水手遭到殺害，英方判斷疑兇是土佐出身的海援隊成員。當時英國公使巴夏禮爵士（Sir Harry Parkes，港譯白加士）[6]聞訊大怒，要親自前往高知城，質問山內容堂交出犯人。這下子高知城登時如臨大敵，擔心遭到英國單方面宣戰。

巴夏禮到訪消息一出，山內容堂立刻命令後藤象二郎準備接待，後藤象二郎不得不中止回京行程。八月六日巴夏禮來到高知城，與後藤象二郎進行談判。後藤象二郎堅稱沒有證據證明犯人為土佐人，拒絕讓步。巴夏禮雖然怒氣衝天，但誠如後藤象二郎所言缺乏證據，巴夏禮也不得不作罷，於兩日後離開高知。當巴夏禮回到長崎後，坂本龍馬與巴夏禮談判，力陳疑點，洗脫疑嫌，最終證實犯人為筑前（福岡縣博多市）藩士金子才吉。

土佐藩渡過一劫後，終於重啟大政奉還一案。八月二十日山內容堂連同山內豐範召集重臣，正式宣布按照薩土盟約之議，由後藤象二郎及寺村道成上京提交「大政奉還」建議書，出兵一事則按情況再議。同時命令倒幕派不得輕舉妄動，聽候藩主指示，作為倒幕派首腦的乾退助亦因而失勢。

後藤象二郎、寺村道成及真邊正心三人終於讓土佐藩同意薩土盟約，之後三人準備乘船從高知出發回京都，向薩摩藩匯報並聯手推動大政奉還。不料天氣不佳無法乘船出港，不得不順延數天至九月一日才出發。這次「出師不順」，似乎是上天向三人預告此行將有不利。

搶在出兵倒幕之前推動大政奉還

果不其然，當後藤象二郎在九月二日來到大坂後，天下形勢已起變化。就在後藤象二郎離京的這兩個月時間裡，薩摩藩眼看十天之期已到，卻沒有後藤象二郎回京的消息，開始懷疑土佐藩是否實行大政奉還。與此同時，長州藩得悉薩土盟約後，擔心薩摩藩不再武力倒幕，遂派人到京都質問。薩摩藩的京都幹部經商議後，遂決定與長州藩及藝州藩聯手出兵倒幕。

後藤象二郎得知薩摩藩已出兵倒幕後急忙提出交涉，薩摩藩知悉土佐藩無意出兵大感失望。小松清廉及西鄉隆盛在九月七日與後藤象二郎於京都會面，正式表示薩摩藩放棄與土佐藩攜手。雖然後藤象二郎再三拚命遊說，但小松清廉等人仍不為所動。此時土佐藩才驚覺日本形勢急轉直下，江戶幕府與薩摩藩等勢力一戰已是時間上的問題。

薩摩藩在打發土佐藩後翌日，正式確定薩長藝三藩共同出兵倒幕。他們的如意算盤是，薩摩藩在九月中旬出兵，路上與長藝兩藩軍隊匯合，一同上洛發動政變，推動「王

DVD

5 | 3 / 4

3 | 桂浜的坂本龍馬像。坂本龍馬可說是大政奉還的提倡者。

4 | 京都的土佐藩邸跡，後藤象二郎等人在此為大政奉還四出奔波。

5 | 位於高知山內神社的山內容堂像。

政復古」，無視江戶幕府存在，重新由天皇掌政。

另一邊，土佐藩仍不死心，為維繫盟約做最後努力。後藤象二郎等人於九月九日再次與小松清廉等人會面，不過雙方立場猶如兩條平行線，就大政奉還一事已無商談餘地，最終不得已解散薩土盟約。雖然失去了薩摩藩這位強力盟友，但土佐藩並不氣餒，仍打算以自身力量推動大政奉還。由於土佐藩不知道薩摩藩已組織聯軍上洛，於是繼續尋求薩摩藩的協助，至少不要讓薩摩藩變成敵人跳出來阻止。

土佐藩將大政奉還的建議書整理妥當後，九月二十三日由福岡孝弟向西鄉隆盛交涉，表示翌日將向江戶幕府提交建議書。薩摩藩此時正為聯合出兵進行得如火如荼，西鄉隆盛自然不想土佐藩毀其大事，於是要求土佐藩暫緩進行，被蒙在鼓裡的土佐藩自然是感到困擾。

土佐藩尋求薩摩藩協助，甚至不惜暫停提交建議書，目的就是為了避免大政奉還後土佐藩被孤立。畢竟在土佐藩提倡大政奉還後，江戶幕府及親江戶幕府的藩國，不會給土佐藩好臉色，若連薩摩藩這些敵視江戶幕府的藩國也視土佐藩為背叛者的話，那麼土佐藩就真的兩面不是人了。因此土佐藩才希望得到薩摩藩的同意。

西鄉隆盛看似順利以武力倒幕之際，不料半途卻殺出了程咬金：島津久光。島津久光一直支持大政奉還，因此反對薩摩藩出兵倒幕，更在九月二十八日與島津茂久聯署，明確否定武力倒幕。雖然島津久光最終無法阻止出兵，不過薩摩軍延遲上洛，卻影響了整個大局。

長州藩眼見薩摩軍遲遲未現身匯合，亦不敢妄動暫緩出兵。薩長兩藩沒依時出兵，打亂京都的薩摩藩眾人部署。小松清廉眼見倒幕聯軍無法於短期內到達，只好在十月二日答應土佐藩，不阻止其大政奉還。

土佐藩在得到薩摩藩同意後，立即啟動大政奉還。十月三日，一份由山內容堂署名的大政奉還建議書，連同後藤象二郎、寺村道成、福岡孝弟及神山郡廉四人另紙聯署，一併交到備中松山（岡山縣高梁市）藩主兼江戶幕府老中首席板倉勝靜手中，然後藉板倉勝靜交給德川慶喜。坂本龍馬構想的大政奉還夢，終於踏出了最重要的一步。

---

1 薩摩藩主島津茂久之父島津久光，為推動雄藩聯政，遂合山內容堂、松平春嶽，以及宇和島（愛媛縣宇和島市）藩主伊達宗城，組成「四侯會議」，聯合向德川慶喜等論政，意圖爭取在朝廷內的影響力，卻被德川慶喜巧妙化解。

2 倒幕派與挺幕派之間的中間派，主張江戶幕府與雄藩聯政。

3 日本高級料理店，有藝妓表演助興，政商界人士密談的地方。

4 《海援隊日誌》。

5 當時薩摩藩對島津久光的尊稱。

6 香港的白加士街就是紀念這位爵士。

二条城

「王政復古」政變，讓德川慶喜的「大政奉還」成泡影時移勢易，花開花落，江戶幕府早已風光不再，今不如昔。薩摩藩戰意滿滿，聯合長州藩及藝州藩組成倒幕派發起武力倒幕，江戶幕府滅亡已逼在眉睫，此時土佐藩為阻止日本內戰，遊說江戶幕府將軍德川慶喜，提倡「大政奉還」歸還政權回明治天皇，由天皇帶領諸藩改革日本，避免主導江戶幕府的德川宗家滅亡。

此刻身在二条城的德川慶喜，早已知道薩摩藩等倒幕派組成聯軍上洛，意圖武力倒幕，正煩惱如何拆解之際，一八六七年（慶應三年）十月三日，收到土佐藩提交的大政奉還建議書。土佐前藩主山內容堂的大政奉還之策，可說是拯救江戶幕府權力者德川宗家的「續命丹」。站在德川宗家立場，雖然歸還政權予天皇、結束江戶幕府管治並不好受，但若不歸還政權的話，則無法避免與倒幕派交戰，面對薩摩藩等擁有西洋新式軍備部隊，軍備落伍的江戶幕府難言穩勝。

不過德川慶喜很快找到了掌權的關鍵，對於朝廷而言，公卿無行政管治經驗，突然接手政務定必大感頭疼，需要仰賴由全國各藩組成的諸侯議會主政。在天皇的新政府體制下，德川宗家憑江戶幕府餘威，出任諸侯議會議長一職，主導新政。此舉總比被倒幕派討伐滅亡來的好。德川慶喜在兩害取其輕之下，果斷地接納大政奉還之議。

正所謂「兵貴神速」，德川慶喜趁倒幕派還沒挑起戰爭前，決定先發制人，搶先一步寫奏書，將權力交還天皇。由於此舉茲事體大，為免走漏風聲，德川慶喜於是拜託備中松山藩主兼江戶幕府老中首席板倉勝靜暗中進行。板倉勝靜遂寫信給得力的家臣山田方谷，負責起草上奏文書。

十月十二日，山田方谷在備中松山收到板倉勝靜密函後，立刻起草上奏文書，並派人火速送往京都。翌日德川慶喜召集四十位藩國重臣，於二条城二丸御殿召開大政奉還諮詢，啟動交還政權的第一步。德川慶喜收到板倉勝靜的上奏文書後，略加修改親自重寫，於十月十四日正式向明治天皇呈上「大政奉還上奏書」，主動交出江戶幕府政權。

對於德川慶喜向天皇交還權力的舉動，大出朝廷意料之外，特別是關白攝政二条齊敬等公卿，對於突然要代替江戶幕府管治全國感到相當困擾。幸而在薩摩藩士小松清廉及土佐藩士後藤象二郎的不斷遊說下，總算說服一眾公卿受理。翌日明治天皇下旨准許德川慶喜交回權力，江戶幕府至此終告一段落。

就在德川慶喜「快刀斬亂麻」推動大政奉還之時，另一邊倒幕派的步伐從沒停止。薩摩、長州等藩軍隊會合上洛，只欠一個出兵的「大義」名分。倒幕派在十月八日拜託倒幕公卿中山忠能，與朝廷來個「裡應外合」，企圖獲得明治天皇頒令討伐江戶幕府的詔書。

中山忠能認為難得倒幕情緒高漲，為免夜長夢多，應趁這股熱潮消滅江戶幕府，而

「討幕密詔」終於在十月十四日交予薩長兩藩。[1]正當薩長兩藩大為振奮，著手倒幕之際，德川慶喜卻在同一天上奏大政奉還，猶如一盆冷水將倒幕派的熱火登時淋熄了。

倒幕派的殺手鐧「王政復古」

至於大政奉還後朝廷的反應，正如德川慶喜所料般不知所措。朝廷公卿雖然收回權力，但一時三刻也不知道該如何處理這燙手山芋，加上明治天皇年紀尚幼，[2]無法有效領導執政，只好在十月二十二日委任德川慶喜繼續處理緊急政務。

德川慶喜心知這樣的結果倒幕派

連倒幕派也懷疑密詔真偽

薩長兩藩收到倒幕密詔固然高興，不過他們亦非笨蛋，很快就發現這封所謂「密詔」與平日詔書明顯有別。這封密詔行文格式粗疏，更無天皇親筆寫下日期，因此倒幕派在高興之餘，也不禁懷疑真偽；加上德川慶喜突然大政奉還，讓密詔無用武之地。既然德川宗家交回權力，倒幕派也無法藉密詔出兵，隨後便無人再提了……有傳聞這密詔是由中山忠能、岩倉具視等公卿，瞞著天皇及二条齊敬所做。他們試圖以這「非常手段」策動倒幕派舉兵，借機向二条齊敬等親幕掌權派「逼宮」。

學者佐佐木克則認為，與其說是偽詔，或用「模擬文書」形容更貼切。他認為朝廷向薩長兩藩交出這份「模擬文書」，在必要情況下，朝廷可保證發出同樣詔書。至少站在朝廷角度來說，是一個「進可攻退可守」策略。

一定不服，為了避免落人口實，於十月二十四日上奏請辭征夷大將軍。德川慶喜這招以退為進，朝廷果然擔心他乘機脫身走人，只好對德川慶喜辭職一事不置可否，暫時保留其將軍權力領導後續改革，並主持諸侯會議，廣邀全國諸藩共商國事。雖然名義上江戶幕府將權力歸還天皇及朝廷，但實際上仍然由德川慶喜繼續執政。

倒幕派被德川慶喜捷足先登，心裡很不是滋味。他們自恃薩長兩藩擁有西式裝備軍隊，認為應乘勝追擊，斬草除根以絕後患，藉機取代德川宗家成為新政權的核心角色。面對德川慶喜主導的諸藩聯政，倒幕派又豈會甘心？於是在台面下，與倒幕公卿密謀策動一場政變。

當倒幕派聯軍抵達京都後，岩倉具視召集薩摩、土佐、安藝、尾張及越前這五大強藩重臣，要求五藩協助推動「王政復古」計畫，將德川宗家排除於新政府之外。五藩之中薩摩藩及安藝藩本是倒幕派沒異議，土佐藩、尾張藩及越前藩卻屬於公議派，雖然三藩不希望德川宗家繼續把持朝政而同意行動，但三藩只想將德川宗家「降格」與諸藩並列，而非排除在外，因此積極為德川宗家爭取保留一席。

十二月八日[3]黃昏的朝議，在薩摩藩等暗中斡旋下，恢復長州藩主毛利敬親的官位，同時赦免倒幕公卿岩倉具視等人的處分，為翌日政變掃清障礙。就在這場朝議結束後，親幕公卿們萬萬沒想到，這已是日本史上最後一次舊制朝議。

十二月九日拂曉，五藩突然派兵封鎖京都御所出入口，禁止二条齊敬等親幕公卿入內。岩倉具視獲赦免蟄居處分重回朝廷，便迫不及待地率領其他倒幕公卿面聖發動「政變」，宣布推行「王政復古」，由明治天皇親政，建立新政治體制。新體制廢除江戶幕府，以及京都守護職等由江戶幕府所設職位，並正式接納德川慶喜請辭征夷大將軍一職；同時亦廢除攝政、關白等等傳統朝廷職位；另設總裁、議定及參與三職組成新政府。

險釀命案的「小御所會議」

王政復古下的新政府總裁一職，由深獲明治天皇及長州藩信賴的有栖川宮熾仁

差點導致政變失敗的尾張藩

五藩原本約定朝議結束後的十二月九日拂曉共同行動出兵，不料尾張藩這個「豬隊友」竟提早在四更凌晨時分，率兵來到京都御所的清和院門。此時朝議尚未結束，二条齊敬突聞尾張兵前來大驚，擔心發動政變。至於策畫政變的倒幕派更為驚嚇，心想尾張藩輕率出兵，政變恐事敗曝光，功虧一簣。

面對京都御所守衛質問，尾張藩重臣丹羽賢急中生智，指藩內訛傳有浪人將趁退朝之時襲擊公卿，因此率兵前來保護。又稱眼見守衛森嚴，相信襲擊一事是流言蜚語，可以安心撤兵離去。二条齊敬等人信以為真，遂未放在心上，數小時後的政變才得以成功。

親王出任，議定及參與則由倒幕公卿、五藩代表及家臣出任。至於二条齊敬等親幕公卿，自此失勢被排除於外。那麼德川慶喜又如何？有一說德川慶喜早在十二月六日從越前藩知悉政變，卻態度消極沒採取行動，結果政變前夜的朝議，德川慶喜故意稱病抱恙不出席，讓王政復古得以順利推行。也許德川慶喜亦想顧全大局，不跟倒幕派硬碰，冀望公議派能周旋一番，或許能在新政府占一席之地。

岩倉具視推行王政復古後，當晚約六時在明治天皇親臨列席下，舉行新政府首場會議：小御所會議。由明治天皇外祖父中山忠能發表開會宣言，全場靜默片刻後，山內容堂打破沉默，掀起這場倒幕派對公議派的大激論！

自稱「鯨海醉侯」嗜酒如命的山內容堂，當天一如以往喝個半醉才參與會議。對於新政府沒邀請德川慶喜入閣，山內容堂滿腔怒火藉酒發難，責問為何沒邀請德川慶喜參與？山內容堂說得興起，旁若無人般大罵在場公卿不讓德川慶喜出席申辯，是陰險小人所為，更力斥他們挾年幼天皇竊權！這下子輪到岩倉具視面子掛不住，反唇相譏大反擊！

岩倉具視先稱讚王政復古是明治天皇的英明決斷，然後嚴斥山內容堂在天皇面前妄言其年幼，無禮放肆。岩倉具視連珠炮般咄咄逼人，嚇得山內容堂登時酒醒啞口無言。山內容堂自知在明治天皇面前失言，只好向其請罪。就在這尷尬時刻，越前前藩主松平春嶽出手相助，再次要求准許德川慶喜列席，唯遭岩倉具視及薩摩藩士大久保利通以審判其罪為由，強硬拒絕。

倒幕派小勝一仗後，乘著德川宗家被排除於新政府外的弱勢，將多年累積的怨氣爆發出來！為進一步打擊德川宗家使其無力反抗，倒幕派以懷疑德川慶喜忠誠心為由，對其作出處分，要求德川慶喜「辭官納地」，辭去內大臣官職及上繳德川宗家全數領地給予天皇。薩摩藩不但附和，大久保利通更主張將德川宗家罪行昭告於天下。

另一邊，公議派的土佐、越前及尾張藩則大表反對。他們認為德川慶喜作為大政奉還的大功臣，理應與五藩同列論政。新政府不但排除德川慶喜，更對其定罪處分，認為有欠公允。山內容堂反問倒幕派，既然要收回土地，為何只有德川宗家需要繳地，而席上五藩則毋須繳地？松平春嶽亦隨之一唱一和。會議形勢逐漸倒向公議派，甚至中山忠能等倒幕公卿，亦竊竊私語企圖妥協。這一切看在岩倉具視眼裡，見形勢不對，立馬果斷地叱責中山忠能，在天皇御前會議私語所謂何事？乘勢要求休息暫停會議。

就在休息期間，薩摩藩士岩下方平向屋外警戒的薩摩藩士西鄉隆盛求助。西鄉隆盛得知狀況後，將身上短刀交給岩倉具視。此舉有兩個意義，第一：不惜動武也要通過決議，由於會上眾人沒有武器，岩倉具視手持短刀威嚇，便能以武力震懾反對者；

1

2

1｜德川慶喜在二条城宣布大政奉還，圖為德川慶喜當時棲身的二条城二丸御殿。

2｜起草大政奉還文書的山田方谷，其位於備中松山城下的家塾牛麓舍跡。

第二：薩摩藩全力支持岩倉具視，萬一岩倉具視在會議上動武，薩摩軍便衝入支援「兵諫」。西鄉隆盛可說是不惜一切要讓辭官納地之議強行通過。

原本憂心仲仲的岩倉具視，在得到西鄉隆盛的短刀後，登時獲得勇氣。他於是先禮後兵，先找五藩中唯一沒表態的安藝藩嫡子淺野茂勳，以不惜一切非常手段也要通過決議的決心遊說他。淺野茂勳本來傾向倒幕派，聽罷也只能表示認同。岩倉具視遂拜託淺野茂勳，充當兩派的遊說者，讓後藤象二郎來說服山內容堂。後藤象二郎得知倒幕派決心，自知無法抵抗，只好親自說服山內容堂等人。當會議重開後，在岩倉具視的主導下，辭官納地之議在無反對聲音下一致順利通過，越前藩唯一能爭取的，就是讓德川宗家只需交出半數領地。

西鄉隆盛授刀一幕，看似如戲劇般傳奇的祕事，是出自當事人之一淺野長勳[4]日後口述自傳《淺野長勳自敘傳》。雖則淺野長勳在早前另一部著作《王政復古の事情》中只說西鄉隆盛提到在非不得已時，他便亮出短刀示意，並沒交代是否給予岩倉具視。但比較肯定的是，西鄉隆盛不惜在宮內亮刀也要通過辭官納地，這位日後人民心目中的英雄，也有手段狠辣的一面。不過有關說法只見於淺野長勳晚年所述，孰真孰假，就交由讀者判斷了。

德川慶喜在十二月十日得知新政府的決議後大為不滿。畢竟籌組新政府的夢不但被倒幕派奪去，被排除之餘，更要被迫辭官納地。德川慶喜雖然氣不過，但形勢比人弱，終究還是忍下來，辯稱為安撫屬下，暫緩實施。

新政府與幕府內戰：「戊辰戰爭」開啟

由於倒幕派聯軍駐守京都，德川慶喜考慮到形勢嚴峻，不得不在十二月十二日撤離二条城。一方面為鎮壓下屬的不滿怒火，另一方面在大坂城手持重兵，繼續與新政府討價還價。昔日德川家康挾征夷大將軍頭銜風光進入二条城；如今德川慶喜卻被褫奪征夷大將軍頭銜逃離二条城，大政奉還夢終成泡影。二条城可說是見證著德川宗家的興衰，德川慶喜自此之後，亦再無踏足二条城。

不久之後，德川慶喜終於按捺不住，於一八六八年（慶應四年）一月三日，與新政府爆發鳥羽．伏見之戰，掀起戊辰之戰序幕。鳥羽．伏見一役，以德川慶喜慘敗告終，從此徹底改變日本國內形勢，德川宗家頓時陷入窘境。德川慶喜萬沒料到，一子錯滿盤皆落索，不但重掌政權夢如鏡花水月夢幻泡影，更直接將德川宗家推向滅亡深淵。為保住德川宗家避免滅亡，德川慶喜立刻放棄軍事抵抗，將戰場重新拉回政治上，試圖利用各種手段向新政府投降。

4 | 3
5 |

3 | 當薩摩藩收到討幕密詔時，德川慶喜宣布大政奉還，圖為薩摩藩邸跡。

4 | 岩倉具視在京都外圍岩倉隱居，靜待重回朝廷時機，圖為岩倉具視幽棲舊宅。

5 | 京都御所內的小御所，明治天皇在此主持首個小御所會議，討論處置德川慶喜。

1 當中給予薩摩藩密敕日期為十月十三日。

2 當時為十六歲。

3 雖然同是慶應四年，不過西曆已是一八六八年。

4 淺野茂勳後期的名字。

江戶城

無血開城與「幕末三舟」大功臣

♜高橋泥舟勸主投降

一八六八年（慶應四年）一月十二日，當德川慶喜回到江戶時，已被新政府列為「朝敵」，這打擊非同小可。德川慶喜出自尊王的水戶藩，在尊王思想薰陶下不敢與天皇對抗，加上知悉新政府軍西式軍備精良，無法輕易打敗。此時遊擊隊[1]隊長高橋泥舟，遊說已無心戀戰的德川慶喜向新政府恭順請降，從此德川慶喜一心以歸降為目標。

不過德川宗家內部以主戰派占多數，德川慶喜只好力排眾議主張「武備恭順」：一面對朝廷釋出恭順善意，另一面做防衛性戒備。除此之外，德川慶喜於一月十五日罷免主戰派陸軍奉行並[2]小栗忠順，自此無人再敢強硬主張對抗。接著他命令老中首席板倉勝靜在卸任前重整高層。板倉勝靜除了起用大久保一翁出任會計總裁[3]外，還提拔老朋友勝海舟出任陸軍總裁[4]。

另外，德川慶喜還拜託越前前藩主松平春嶽等公議派，從內部協助調停，更召集在江戶的諸藩主，要求協助向新政府傳達恭順不敢忤逆之意。此外亦拜託兩位前任將軍正室，分別是德川家定的天璋院（篤姬）及德川家茂的靜寬院宮（和宮），利用各自身分遊說薩摩藩及皇族公卿。靜寬院宮與天璋院相談後，於一月二十一日派遣大奧的女官土御門藤子為使前往京都遊說。

西鄉隆盛強求出征

至於挾天皇以號令諸藩的新政府，決定先安內後攘外，先將西日本諸藩收歸旗下。在取得歐美列強的中立宣言後，新政府遂將矛頭指向德川宗家，就應否出兵江戶展開激辯。

以薩摩藩士西鄉隆盛為首的強硬派，主張應出兵嚴懲德川宗家，西鄉隆盛更要求德川慶喜切腹謝罪；而由長州藩士木戶準一郎[5]及公卿岩倉具視等組成的寬典派，則主張寬大處置。挾著前線對德川宗家不滿及戰勝氣勢，加上西鄉隆盛強硬態度，新政府最終在二月六日決定，讓明治天皇「御駕親征」出兵江戶。

當土御門藤子抵達京都時已經太遲，公卿親王們知悉靜寬院宮求饒，雖然無法阻止出兵江戶的事實，但願意協助向新政府請降，避免開戰。靜寬院宮前未婚夫有栖川宮熾仁親王挺身而出，於二月九日自薦為討伐江戶的最高統帥「東征大總督」。至於輔助大總督負責實際作戰的下參謀一職，則由西鄉隆盛出任。熾仁親王自薦目的就是為了拯救德川宗家，當然這一切西鄉隆盛都被蒙在鼓裡。

雖然新政府出征勢在必行，但德川慶喜仍未絕望。為進一步向新政府示誠，德川慶喜在二月十一日正式宣布退位，並將向新政府交涉的「爛攤子」交予勝海舟善後。翌日德川慶喜前往上野寬永寺大慈院（東京都台東區）謹慎隱居，其政治生涯正式告一段落。

二月十五日熾仁親王率領五萬新政府軍，從京都出發兵分三路東征江戶。雖然熾仁親王在軍中的存在僅是象徵性的，卻在行軍途中明言德川慶喜願意歸順便確保其命，也先給了西鄉隆盛等強硬派一個下馬威。新政府軍在三月五日來到駿府（靜岡縣靜岡市）以此為大本營，翌日對外宣布將於三月十五日向江戶城發動總攻擊。根據《熾仁親王日記》所載，熾仁親王另以機密為名，向西鄉隆盛等指示新政府對德川宗家的歸降條件。來到這一步，西鄉隆盛終於知道新政府其實早已有定案，在朝命不可違下，也只能乖乖被牽著鼻子走，出面與德川宗家交涉。

另一邊，在土御門藤子求情下，公卿橋本實麗承諾保留德川宗家，公卿正親町三條實愛更寫信表示「只要持續謝罪，德川宗家可存續」。尾張前藩主一橋茂榮、田安德川家前當家德川慶賴及靜寬院宮等，分別向熾仁親王撰寫求情信。身處江戶的皇族輪王寺宮公現入道親王，更親自在三月七日前往駿府與熾仁親王會面遊說，結果還是不為所動。

山岡鐵舟勇闖敵陣

面對新政府軍步步進逼，勝海舟怎樣反擊呢？為免主戰派添亂，勝海舟暗許組織民兵對抗新政府，例如新選組局長近藤勇成立甲陽鎮撫隊等等。勝海舟乘機與他們畫清界線，向新政府表明與德川宗家無關，以免落人口實。

德川慶喜欲派遣高橋泥舟為和談做最後的努力，只是高橋泥舟擔任德川慶喜的保鑣，無法離開江戶，於是推薦義弟山岡鐵舟。在德川慶喜吩咐下，山岡鐵舟拜訪勝海舟尋求協助。會面後，勝海舟認同山岡鐵舟能擔當重任，遂將親筆信拜託山岡鐵舟轉交西鄉隆盛，冀就德川宗家恭順進行會面。勝海舟在信中傳達德川宗家開城投降之意；同時卻威脅新政府若拒絕的話，江戶爆發暴動，難保靜寬院宮安全。勝海舟這封信雖然請降卻不示弱，剛柔並重之下，讓新政府不能對德川宗家太超過。

至於山岡鐵舟最擔心被請吃「閉門羹」一事，勝海舟準備了前陣子拯救的死囚薩摩藩士益滿休之助。藉益滿休之助穿針引線，安排山岡鐵舟與西鄉隆盛會面。益滿休之助逃過死劫，只能投桃報李助一臂之力，況且與山岡鐵舟是舊相識，自是樂意效勞。

山岡鐵舟在益滿休之助陪同下前往駿府，途中經過新政府軍軍營，於是向守衛大喊「朝敵德川慶喜家來[6]，山岡鐵太郎來了！」便逕自通過軍營。在益滿休之助引薦下，山岡鐵舟於三月九日與西鄉隆盛會面。山岡鐵舟在轉交勝海舟的親筆信後，西鄉隆盛按照新政府的機密方針，列出德川宗家投降七項條件：

一、德川慶喜由備前藩[7]監管；
二、交出江戶城；
三、移交所有軍艦；
四、繳出所有武器；
五、江戶城內家臣移往向島[8]拘留；
六、調查並處罰輔助德川慶喜的暴亂者；
七、江戶若出現暴亂，新政府軍可進行鎮壓。[9]

山岡鐵舟聽到德川慶喜要交予備前藩監管而感到生氣，堂堂德川宗家之主怎能被他藩軟禁監視？於是拒絕第一項要求，其他則毫無異議。西鄉隆盛也不是省油燈，搬出朝命不可違，意圖迫使屈服。山岡鐵舟反問西鄉隆盛，若島津侯[10]遭遇相同立場也無法接受吧？西鄉隆盛頓時啞口無言。不過西鄉隆盛也是硬漢子，看著山岡鐵舟冒著被殺風險深入敵陣談判，還挺身拒絕不利德川慶喜的要求，其忠義之心深深打動西鄉隆盛，遂表示第一項容後再議，更保證德川慶喜人身安全，山岡鐵舟於是翌日返回江戶匯報。

雖然新政府開出條件，但西鄉隆盛未敢怠慢繼續進軍，會合其他軍隊於三月十三日展開包圍江戶城，同日西鄉隆盛進入江戶高輪的薩摩藩下屋敷（東京都港區）。雖然血氣方剛的東山道先鋒總督參謀板垣退助，迫不及待想攻下江戶城，但西鄉隆盛下令在勝海舟答覆前禁止攻擊。

面對江戶總攻擊日子接近，靜寬院宮及天璋院都急了，再度派遣使者往大總督處求情暫緩攻擊。天璋院使者之後更來到薩摩藩邸，向西鄉隆盛求情。

西鄉隆盛來到薩摩藩邸當天，勝海舟「先禮後兵」打了個照面，再次確認投降條件之餘，重申沒有以靜寬院宮做人質的卑劣想法，最後兩人決定翌日在江戶田町薩摩

幕末三舟

幕末三舟是指江戶無血開城、拯救江戶免受戰火催殘的三位關鍵人物：勝海舟、山岡鐵舟及高橋泥舟。無獨有偶，三人具以舟作外號，世人合稱幕末三舟。三人的名諱分別是：勝義邦、山岡高步及高橋政晃。

藩藏屋敷（東京都港區）會見做正式答覆。

此時勝海舟已做好了多方準備，並摸清新政府底線。德川宗家早與法國畫清界線，更尋求支持新政府的英國支援，意圖藉英國公使巴夏禮向新政府施壓受降。原本新政府內部早已接受德川宗家恭順，但礙於面子及讓前線的強硬派出頭，才會出兵江戶，但不會再有進一步行動。

不過勝海舟也做好了最壞的打算，萬一談判破裂，勝海舟打算玉石具焚。勝海舟參照一八一二年拿破崙攻擊莫斯科的焦土政策為例，緊急將江戶逾百萬民眾強遷至千葉（千葉縣千葉市）避難，然後拜託江戶消防隊「を組」組長新門辰五郎放火燒掉江戶，並在街上組織小隊大打游擊戰，讓新政府軍只能拿下廢墟。

來到三月十四日，看似兵臨城下，隨時會被戰火催毀的江戶城，勝海舟卻抱著萬事具備只等新政府受降的自信，來到薩摩藩藏屋敷，正式回覆西鄉隆盛。對於七項投降條件，勝海舟回覆如下：

一、德川慶喜回故鄉水戶做謹慎處分；

二、交出江戶城予新政府的手續完成後，請求即日歸還予德川家御三卿之一田安家；

三、集合所有軍艦後保留，待寬典處分下達，德川家保留所需後交予新政府；
四、收集所有武器後保留，待寬典處分下達，德川家保留所需後交予新政府；
五、江戶城內家臣移往城外拘留；
六、寬典處置輔助德川慶喜的暴亂者，勿處其死罪；
七、德川家盡最大努力安撫江戶士族百姓，唯暴動時德川家可請新政府鎮壓平亂。

勝海舟以添加補充投降條件的形式，正式代表德川宗家向新政府恭順，他並未拒絕或提出新要求，只是在投降條件上，為德川宗家爭取尊嚴為最大利益保障。而對於勝海舟就投降條件討價還價，西鄉隆盛面有難色，表示需請示新政府，唯一決定是暫緩江戶城的總攻擊。

勝海舟與西鄉隆盛非單獨會面

一般小說及電視劇上演「江戶無血開城」一幕，大多是勝海舟與西鄉隆盛單獨會面商討投降事宜。不過根據《岩倉公實記》記載，會面當日德川宗家除了勝海舟為代表外，大久保一翁及山岡鐵舟同席；而新政府則除了西鄉隆盛外，還有薩摩藩士村田新八及中村半次郎等人在場。

無血開城正式落幕

就在勝海舟與西鄉隆盛會面之際，其背後工作亦發揮成果。同日東征軍先鋒參謀木梨精一郎，在橫濱英國公使館會見巴夏禮，希望在新政府軍攻擊江戶時能借用使館當戰爭醫院照顧傷兵，不料巴夏禮對攻擊江戶一事強烈不滿。巴夏禮認為德川慶喜已放棄抵抗投降，新政府若攻擊是違反萬國公法，更表示德川慶喜流亡國外，在萬國公法上無問題。面對巴夏禮激烈反對，木梨精一郎不得不中止會談，並將巴夏禮的憤怒告訴西鄉隆盛。

基於時間問題，西鄉隆盛很有可能與勝海舟會面後才知道此消息。由於英國是新政府的主要盟友，因此西鄉隆盛對巴夏禮的表態大受衝擊，不得不看英國臉色，支持寬大處置德川宗家。起初板垣退助反對暫緩總攻擊，但得悉巴夏禮的態度後，也只能表示同意。

事不宜遲，西鄉隆盛拿著勝海舟的回覆，趕往京都交給新政府審議。西鄉隆盛信守對山岡鐵舟的承諾，不但為德川慶喜求饒，更支持寬大處置德川宗家。既然連最強硬的西鄉隆盛也屈服，新政府內部自是然沒有異議。新政府遂循寬典論調，針對勝海舟的七點補充條件進行討論，略做調整如下：

1
2

1｜日後明治天皇遷至東京，並進駐江戶城三丸，圖為江戶城皇居，參觀皇居需要參加其專屬導賞團。
2｜德川慶喜退位後在寬永寺隱居，靜候新政府發落。

一、德川慶喜回故鄉水戶做謹慎處分；
二、交出江戶城由大總督裁決[11]；
三、移交所有軍艦，再按其需要發還；
四、繳出所有武器，再按其需要發還；
五、江戶城內家臣移往城外拘留；
六、寬典處置輔助德川慶喜的暴亂者，唯出兵向會津、桑名[12]兩藩問罪；
七、德川家盡最大努力安撫江戶士族百姓，唯出現暴動時德川家可請求新政府鎮壓平亂。

西鄉隆盛拿著修正條文，經大總督審核後前往江戶回覆。勝海舟同意條文後，四月四日由東海道先鋒總督橋本實梁擔任敕使進入江戶城，宣讀天皇接受德川宗家恭順聖旨，江戶城正式宣告無血開城。

四月十一日德川慶喜從寬永寺出發回到水戶謹慎，田安德川家當家田安龜之助[13]代表德川宗家，迎接橋本實梁等人接管江戶城，江戶無血開城正式落幕。

1 由江戶幕府旗下武士組成的部隊。
2 陸軍副司令。
3 財政部首長。
4 陸軍司令。
5 翌年改名木戶孝允。
6 家臣之意。
7 岡山縣岡山市。
8 東京都墨田區。
9 根據山岡鐵舟自述，只有前五項；但《岩倉公實記》則記載以上七條。
10 指島津忠義，西鄉隆盛的主君。
11 熾仁親王裁定江戶城由德川宗家親族尾張藩託管。
12 當時桑名藩（三重縣桑名市）已投降，主要針對流亡會津的桑名藩主松平定敬。
13 後來繼承德川宗家改名德川家達。

4 | 5 | 3

3｜位於有栖川宮紀念公園內的有栖川宮熾仁親王銅像。

4｜山岡鐵舟與西鄉隆盛在靜岡的松崎屋源兵衛宅會面，圖為原址的紀念碑。

5｜勝海舟在江戶的薩摩藩邸，答覆西鄉隆盛的開降條件，江戶城正式無血開城。圖中石碑1954年（昭和29年）由西鄉隆盛孫西鄉吉之助所書。

静岡市指定史跡

江戸開城
西郷南洲
勝海舟
會見之地
西郷吉之助書

會津若松城

見證內戰「戊辰戰爭」最悲慘的一幕

自江戶開城後，新政府最大「朝敵」便輪到會津藩（福島縣會津若松市）。會津藩原已向朝廷表示恭順，不料新政府部分官員因長年舊恨，硬要會津藩主松平容保「人頭落地」，東北諸藩眼見新政府無理取鬧，多達二十五藩聯合起來於一八六八年（慶應四年）五月三日成立「奧羽列藩同盟」，聯合會津藩及莊內藩共同對抗新政府，展開會津戰爭。

隨著會津戰爭的戰火延燒至東北，同盟軍在裝備遠落後於新政府軍下，重要據點紛紛失守。在二本松少年隊犧牲成仁下，新政府軍在七月二十九日攻陷東北重鎮二本松城（福島縣二本松市），打開直接進攻會津藩主城會津若松城的道路。

新政府軍占據二本松城後，身處前線的參謀板垣退助，主張趁會津藩兵力分散在外，應乘虛而入攻擊大本營，否則當雪季來臨，進攻將會變得困難。新政府最終接納板垣退助的建議。確定要進攻會津若松城後，新政府軍經商議，決定以北面迂迴的山區母成嶺（福島縣耶麻郡）作為侵略會津的突破口。另一邊，會津藩卻判斷新政府軍會選擇最短距離進軍，因此派兵駐守南面的中山嶺（福島縣耶麻郡）。不過前步兵奉行[1]大鳥圭介，卻認為新政府軍會襲擊母成嶺而率兵前往協防。

八月二十一日清晨，新政府派兵先佯攻中山嶺，主力的兩千兩百人在濃霧掩護下強襲母成嶺。大鳥圭介守軍僅八百人，兵力懸殊加上對方裝備精良，最終大鳥圭介不敵戰敗潰逃，母成嶺之戰不到一天時間，便在下午四時結束戰事。新政府軍突破母成嶺消息一出，會津藩大為震驚，深恐新政府軍長驅直入會津若松城。松平容保一面立即召回在外奮戰的軍隊守城；一面想辦法拖延對方的行軍速度，好讓己軍趕及回防。松平容保派遣家臣佐川官兵衛，率兵破壞日橋川上的十六橋（福島縣會津若松市），以阻止新政府軍渡河。

兵貴神速

會津藩行動快，但新政府更快！板垣退助深諳兵貴神速的重要性，約半年前的柏尾之役，板垣退助在拚命行軍下，硬是比新選組局長近藤勇早一步，搶占甲府城（山梨縣甲府市）地利，最終大捷。板垣退助預料會津藩將破壞十六橋阻止行軍，於是發揮其先祖主子武田信玄「風林火山」精髓，快馬加鞭西進搶占十六橋。

母成嶺被突破後，縱使會津藩敗軍在撤退路上放火，試圖拖延新政府軍速度，但新政府軍死命追趕，即使遇上豪雨仍然冒雨前進，終於在八月二十二日傍晚來到十六橋，立刻向正在破壞十六橋的佐川官兵衛開火。佐川官兵衛萬萬沒想到新政府軍竟然那麼快，在不敵新政府軍砲火的情況下，不得不停止破壞，率兵撤退。

新政府軍保住十六橋成功渡河後隨即連夜西進，即使松平容保派遣旗下白虎隊的士中二番隊，支援在戶之口原（福島縣會津若松市）布防的佐川官兵衛，仍無法抵擋新政府軍攻勢。八月二十三日早晨，新政府軍突破戶之口原，表示即將兵臨城下，松平容保不得不死守會津若松城。新政府軍在同日早上約十時攻至城下町，就在此時，會津藩內著名的兩大悲劇先後發生。

西鄉賴母一家殉死

對於會津藩士家眷來說，敵軍兵臨城下，除了往城外鄉郊避難、或入城與主君共存亡外，還有另一選擇：殉死。對部分家眷來說，不恥或無法逃往鄉郊，即使入城，老弱婦孺也只會虛耗軍糧，為對藩主表示忠誠，不願投降敵人或被擄，只好以死明志。據悉當日高達兩百多名會津藩士家眷殉難，當中尤以會津藩家老西鄉賴母一族最為慘烈。

當西鄉賴母與長子西鄉吉十郎入城防守後，以西鄉賴母母親律子為首，包括兩位妹妹、妻子千重子、五位女兒及十二位親戚，共二十一位西鄉家女眷並未跟隨入城，而是選擇留守宅邸集體自殺。

相傳土佐藩士中島信行，率先進入西鄉賴母邸，在宅內大廳駭然發現這場慘絕人寰的一幕。大廳放置一道倒立屏風[2]，屏風後則是西鄉律子等二十一人，身穿白衣以短刀自殺伏屍現場。正當中島信行大為震驚之際，卻發現西鄉賴母長女西鄉細布子尚有知覺，痛苦呻吟。此時西鄉細布子意識矇矓，以微弱聲線詢問是敵是友？中島信行於心不忍，遂回答是友方。接著西鄉細布子從懷中取出短刀，乞求為她介錯解脫，中島信行只好忍著悲痛答應。以上說法出自西鄉賴母自著的回憶錄《栖雲記》，但近年有學者質疑中島信行為發現者的說法。

枉死的白虎隊

戊辰戰爭之初，會津藩將十六歲以上的武家男子按年齡分為四組，分別冠以中國四神獸名稱。當中白虎隊以十六歲及十七歲的少年為主，不過他們太年輕了，並非作戰主力，因此以後備軍的性質負責保護松平容保。由於當時會津藩士氣高漲，部分十五歲甚至十三歲的少年不惜謊報年齡自願入伍。正如前述，白虎隊的士中二番隊被派往支援戶之口原前線。

一般認為白虎隊[3]在八月二十二日晚抵達戶之口原，隊長日向內記為了與友軍聯絡，在通知副隊長篠田儀三郎後外出，不料途中遇上敵軍，且戰且逃下迷路失聯。當新政府軍翌日清晨攻擊白虎隊，白虎隊群龍無首，篠田儀三郎只好硬著頭皮代為指揮。白虎隊戰敗撤退，篠田儀三郎親自率小隊擔任殿軍，不幸與其他小隊失聯，輾轉逃至飯盛山（福島縣會津若松市）。

篠田儀三郎的小隊多達二十人，在飯盛山休憩時為下一步行動爭辯。是逃回會津若松城內防守？還是繞到敵軍側面進行反擊？此時有隊員眺望會津若松城，眼見城下一片火海，主城被黑煙包圍。山上眾人大為震驚，深信會津若松城已被敵軍攻陷。他們出於城破家亡的悲憤，不欲被敵軍生擒，令主君蒙羞，於是選擇了第三條路，二十人集體在飯盛山上自殺殉死，形成一幅慘烈光景。

不過白虎隊隊員卻未料，會津若松城下雖然是一片火海，但並未波及主城。會津若松城仍然完整無缺，並且城內士氣高漲，正抵抗新政府軍入侵，白虎隊隊員的犧牲可說是枉死。

與此同時，會津藩士印出新藏之妻阿初，為尋找失聯的兒子，前往飯盛山一帶搜索，結果兒子找不到，卻找到白虎隊一堆屍體！阿初雖然被眼前景象所震驚，不過很快鎮靜下來，看看是否還有倖存者。結果皇天不負有心人，白虎隊的飯沼貞吉還有微弱氣息。飯沼貞吉以短刀刺向咽喉，也許偏了一點，沒即時死去。飯沼貞吉被阿初抱著下山，經醫生搶救，總算從鬼門關逃過死劫，成為飯盛山唯一倖存的白虎隊隊員。

白虎隊的自裁數是否被誇大

有關白虎隊中二番隊的自殺人數，一直受到史學家質疑。當篠田儀三郎率領殘兵來到飯盛山切腹現場時，有二十人說、十七人說及七人說等不同說法。那麼為何飯盛山上有多達十九人的墳墓呢？根據學者考證推斷，的確有十九名白虎隊隊員在飯盛山一帶死亡，不過他們是戰死還是自盡則成為懸案。由於據傳新政府下令禁止收屍，飯盛山的白虎隊隊員屍骸被逼曝露荒野。當會津百姓被默認獲准為會津藩戰死者收屍時，飯盛山的白虎隊隊員屍體多已腐爛，無法辨認死因，加上沒有明確記錄屍體位置，後人於是一概將飯盛山的白虎隊隊員屍體視為自盡，祕密運往妙國寺暫時安葬。

為紀念白虎隊中二番隊的悲劇，一八八四年（明治十七年）在飯盛山上建立十六名白虎隊隊員墳墓。在確認多了三名白虎隊隊員在飯盛山殉難後，一八九〇年（明治二十三年）再修建三人墳墓，形成現今白虎隊十九人墓。白虎隊的故事傳到明治政府文部省，深受感動之餘，亦符合當時鼓吹的「為國盡忠」思想，於是一八九五年（明治二十八年）文部省以白虎隊十九人殉死的英勇事蹟，予以歌訟，廣為流傳。

順帶一提，當年唯一的倖存者飯沼貞吉，後來從事電報工，活到一九三一年（昭和六年）才以七十七歲高齡逝世。飯沼貞吉直至晚年，才願意開口提及當年情況，並希望死後其部分遺骨葬於飯盛山，與昔日戰友葬在一起。因此飯沼貞吉死後，在白虎隊十九人墓不遠處建立了飯沼貞吉墓碑。相隔六十三年後，飯沼貞吉總算回到飯盛山，再次與昔日戰友一起並肩作戰。

在敵前表演「彼岸獅子」舞

新政府軍自八月二十三日起，正式展開對會津若松城的攻城戰。在新政府軍猛烈的砲火洗禮下，城內眾人上下一心守城抗敵，期待奇蹟出現。果然奇蹟真的出現了！八月二十六日會津藩士山川浩率領部隊從外地趕回，不料會津若松城早已被新政府軍重重包圍。來遲一步不得其門而入的山川浩，此時做出了一個大膽計畫。

某日會津若松城外突然奏起音樂聲，一隊藝人一邊奏樂一邊揮舞著獅子道具，表演著會津當地的傳統藝能「彼岸獅子」舞。這隊人浩浩蕩蕩往會津若松城方向前進，此時交戰雙方都不禁放下武器，停下來觀賞表演。新政府軍對「彼岸獅子」表演感到好奇，認為只是當地百姓自娛，沒有加以阻攔。這隊人順利突破新政府軍來到會津若松城下，城內將士也以為是百姓表演，既然新政府軍沒有阻撓，於是打開城門讓他們進城。當這隊人除下裝扮展現真面目時，城內眾人無不驚訝，原來是山川浩與部下打扮成表演「彼岸獅子」舞的百姓，瞞騙敵我雙方順利入城。山川浩的援軍到來，讓城內士氣為之一振。

即使山川浩率領援軍進入會津若松城，佐川官兵衛等人在城外與新政府軍打遊擊戰，對戰況來說也只是杯水車薪。隨著時間流逝，踏入九月後，米澤藩、仙台藩（宮城縣仙台市）等奧羽列藩同盟要員相繼投降。會津藩在孤立無援下，日夜受新政府軍砲火轟炸，會津若松城內早已滿目瘡痍。松平容保無計可施，為顧及城內藩士安危，不得不在九月二十二日[4]正式向新政府軍投降，結束這場長達一個月的會津籠城戰，同時代表著長達九個月的戊辰戰爭也步上尾聲。

會津與薩摩長州的恩怨

會津若松自戊辰戰爭以來，為凸顯不甘被新政府打壓，一直以「悲情城市」形象發展當地觀光史學，並將一些未經求證的傳言大肆渲染。著名的例子有：新政府下令禁止為會津藩士收屍、新政府刻意在會津若松國道上使用「四十九」這個不祥數字編號等等。

會津若松這種負面情緒深入民心，怨恨新政府主力薩摩、長州兩地的人。造就會津人自明治時代以來，對薩摩人及長州人勢不兩立，嚴禁子女與他們聯姻。當西南戰爭爆發時，許多會津人投身政府軍與薩摩軍對抗。當西鄉隆盛戰死及大久保利通被暗殺的消息傳出後，會津人對前薩摩藩兩大巨頭的死訊表示欣喜。

即使事隔多年，鹿兒島縣及山口縣兩地人民無論怎樣伸出橄欖枝，都被會津人所拒絕，當中又以山口縣人最積極向會津人示好。一九八六年（昭和六十一年）萩市曾向會津若松市示好，希望和解多年來的對立，並申請締結友好城市，畢竟「已經過一百二十年了……」；不料會津若松

1
2
3

1｜萩市長野村興兒訪問會津時，特地走訪飯盛山，向山上白虎隊士墓前獻花。

2｜西鄉賴母一族共二十一人自盡，圖為會津武家屋敷內，以人偶方式重現這幕故事。

3｜會津藩主城會津若松城，新政府軍曾力攻近一個月卻未能攻下，因而有「不落之城」美譽。

市斷然拒絕，更老實不客氣地說「只不過才經過一百二十年……」。二〇〇七年（平成十九年）山口縣出身、時任內閣總理大臣的安倍晉三，在訪問會津若松市時，代表山口縣先人向當地表達歉意。

二〇一一年（平成十三年）東日本大地震發生後，萩市向會津若松市提供援助金及救援物資。時任會津若松市長菅家一郎，雖然為答謝回禮訪問萩市，但仍然表示拒絕兩地和解談判。當山口縣的自衛隊要參與福島核電廠事故除染作業時，其隊長直接向福島縣知事報告此事以示尊重。二〇一二年（平成二十四年）時任萩市長的野村興兒為支援福島縣會津地區，除了訪問會津若松市外，還在飯盛山向白虎隊隊士墓前獻花等等。

近年不少史學家釐清會津昔日的傳言，例如近年發現的史料〈戰死屍取仕末金錢入用帳〉，清楚記載新政府在戰後曾處理安葬會津藩士事宜，為「新政府禁止為會津藩士收屍」一事做出平反。至於國道數字命名，則是昭和時代的事，屬於穿鑿附會的謬誤等等，讓不少會津人感到釋懷。雖然會津與薩摩長州的仇恨非一時三刻能消除，但隨著二〇一一年三一一大地震後，山口縣人積極向福島縣人提供支援，讓會津人對長州人等印象開始改觀，相信終有一天，歷史仇恨會被磨滅而迎來大和解的一天。

1 陸軍將領級高級官員。
2 一般在葬禮及亡者枕邊使用，寓意死後世界與現實世界相反。
3 以下提及具指士中二番隊。
4 此時已改元明治，是為明治元年。

4
5

4｜白虎隊士中二番隊在飯盛山自盡之地，當地建立白虎隊石像，少年所望的方向正是會津若松城。

5｜會津藩曾試圖清拆十六橋不果，圖為建於1880年（明治13年）的第三代十六橋。

五稜郭

「戊辰戰爭」的最後一頁

會津戰爭結束後的一八六八年（明治元年）十月二十一日，距離會津藩投降只不過約一個月的時間，在蝦夷的鷲之木（北海道茅部郡），士兵的吶喊聲畫破了全日本的寧靜，約三千名反新政府軍冒著暴風雪，從這個沒人防守的僻靜小村落登陸！

前海軍副總裁榎本武揚自江戶開城以來一直不信任新政府。兩個月前的八月，榎本武揚率領八艘舊幕府船艦北上逃亡，一面沿海補給，一面集結各地反新政府志士，決意從海路進攻蝦夷，建立反新政府基地。由於箱館港早已有軍隊駐守，不利登陸，榎本武揚於是選擇在鷲之木上岸，然後南下進攻箱館。

箱館府知事[1]清水谷公考聞訊大驚，雖然派兵迎擊，但收到各地敗訊心感不妙，為了避免被擄，在十月二十五日丟下主城五稜郭，乘

日本首個西式建築城郭

自培里叩關後，江戶幕府引入西方建築方式興建城郭，首個選址便是箱館的五稜郭。五稜郭由一八五七年（安政四年）七月開始動工，花費七年時間後，於一八六四年（元治元年）竣工，同年六月十五日箱館奉行所遷進五稜郭內。之後江戶幕府在五稜郭增添其他附帶設施，整體工事於一八六六年（慶應二年）正式完成。

反新政府軍攻占箱館後，舊幕臣大鳥圭介視察五稜郭，認為建築仍未完善，於是強化五稜郭設施，包括修復堤防，設置大砲，增建城胸壁及濠外堤防等等，於一八六九年（明治二年）三月完成。

船逃往青森（青森縣青森市）。箱館在無人指揮下，翌日連同五稜郭被反新政府軍攻占。

統一蝦夷

反新政府軍占領箱館後，接著討伐挺新政府的松前藩（北海道松前郡）。松前藩主松前德廣自知難敵反新政府軍，於是捨棄松前城，輾轉逃到熊石（北海道二海郡）。反新政府軍在十一月五日攻陷松前城後，榎本武揚不惜派遣當時世界最先進軍艦之一開陽丸，追殺松前藩殘兵，只是沒料到這決定，不但足以後悔終生，更埋下日後反新政府軍滅亡的遠因。

當開陽丸等軍艦在十一月十五日停泊於江差（北海道檜山郡）時，當晚天氣急劇轉壞，風高浪急，開陽丸不幸觸礁。榎本武揚另派遣軍艦回天丸及神速丸前往，試圖拯救開陽丸，不料神速丸亦因觸礁沉沒。此時開陽丸卡在礁中無法動彈，船身開始進水，最終在榎本武揚等人的目送下，於江差完全沉沒。失去旗艦開陽丸及神速丸，對反新政府海軍來說是重大打擊，因為日後將難以與新政府海軍抗衡，後人批評榎本武揚將開陽丸駛向江差一事為因小失大的無謀之舉。

另一邊，當反新政府軍在十一月二十二日抵達熊石的時候，終究來遲一步！松前德廣決定放棄領地，連同六十多人乘船往弘前藩（青森縣弘前市）逃亡。失去主子的松前藩士，只好向反新政府軍投降，蝦夷自此被平定。松前德廣雖然逃過追擊，不過兩日後在弘前突然吐血，五日後急逝，再也無法見證松前藩復國的一天。

反新政府軍統一蝦夷後，於十二月十五日正式成立「蝦夷政權」，並舉行日本史上首次公開投票選舉，結果榎本武揚獲選出任總裁[2]。榎本武揚一直主動與西方列強聯繫，早在十二月一日寫信予英法兩國，要求協助開拓蝦夷。不過英法等歐美各國，在戊辰戰爭期間嚴守中立，因此並未向蝦夷政權伸

蝦夷並未建國

現今不少提到明治維新的相關書籍，都將榎本武揚的「蝦夷政權」稱為「蝦夷共和國」，事實上榎本武揚等人從未這樣自稱。榎本武揚等人由始至終都以仕於江戶幕府為榮，無獨立建國想法，因此對外宣稱是「受天皇陛下依賴的德川公子來臨前」的臨時行政組織，前往蝦夷與愛努族人交流的拓荒團。榎本武揚在寫給英法等大使書函，落款也是以蝦夷政權自稱。

至於為何會有「蝦夷共和國」這說法，一切源於當時英國公使館祕書法蘭西斯·歐塔維爾·阿當斯（Francis Ottiwell Adams）。阿當斯在一八七四年（明治七年）出版歷史書《*History of Japan*》，書中對蝦夷政權以「Republicof Ezo」（蝦夷共和國）稱呼，後人於是沿用阿當斯的說法，將榎本武揚的「蝦夷政權」稱為「蝦夷共和國」。

出援手。為了籌措資金，蝦夷政權包括向豪商集資、徵收各類稅項、以默認賭場為條件徵收寺錢、私鑄貨幣等等。這些措施都加重了箱館居民負擔，導致民怨四起。

新政府的反撲

新政府在十月三十日收到反新政府軍占領箱館的消息後，便部署反攻蝦夷的計畫，任命清水谷公考為青森口總督。唯當時青森已進入嚴寒冬季，新政府只好等待翌年天氣回暖，海軍增援才一舉渡海進攻蝦夷。一八六九年（明治二年）二月是雙方海軍實力的轉捩點，美國在新政府的遊說下，率先放棄嚴守中立，並將停泊在品川的最新款鋼鐵裝甲軍艦售予新政府，新政府命名為「甲鐵艦」。海軍以甲鐵艦為首的四艘軍艦，連同四艘運輸船組成艦隊，於三月九日出發向青森駛去。

蝦夷政權失去了旗艦開陽丸，而新政府則購入甲鐵艦。此消彼長下，蝦夷政權的海軍陷入劣勢。有什麼方法可以扳回？最簡單方法當然是搶！蝦夷政權接到線報，得知新政府艦隊將在宮古灣（岩手縣宮古市）停泊後，遂於三月二十日派遣旗艦回天丸、蟠龍丸及高雄丸三艘戰艦組成突襲艦隊，前往宮古灣試圖搶奪甲鐵艦。

不過這隊突襲艦隊出航並不順利，先是遇上暴風雨令蟠龍丸脫隊滯留八戶（青森縣八戶市）；高雄丸則因蒸氣機問題速度減半。突襲艦隊仍決定冒險，單憑回天丸突襲宮古灣。三月二十五日清晨，回天丸深入宮古灣奇襲甲鐵艦。雖然回天丸奇襲成功，不過因外輪船關係，只能以「丁」字型方式登上甲鐵艦。另一方面，回天丸船身比甲鐵艦高三米，因此回天丸船兵只能空降跳下甲板，而成為甲鐵艦上格林機槍及士兵們的獵物。新政府軍其他船艦見狀，紛紛攻擊回天丸。回天丸眼見無法搶奪甲鐵艦，不得不放棄撤退。新政府軍艦隊乘勝追擊，高雄丸因出力問題逃走不及，不幸觸礁投降，最終只有回天丸及蟠龍丸順利逃脫。蝦夷政權的這次突擊大為失敗，甲鐵艦搶不成，更損失高雄丸，狀態愈來愈嚴峻。

新政府軍艦隊在宮古灣海戰勝利後，於三月二十六日抵達青森與陸軍匯合，部署反攻蝦夷大計，一舉消滅蝦夷政權。四月九日早晨，參謀山田顯孝率領一千五百名先鋒隊，登陸乙部（北海道爾志郡）並攻下江差，新政府軍正式展開對蝦夷的反攻。

不久，另一參謀黑田清隆率領兩千八百兵力從江差登陸增援後，新政府軍兵分四路向箱館進發。新政府軍無論兵力及裝備均占於上風，順利光復蝦夷各地。在四月十七日新政府軍奪回松前城，四月二十九日於矢不來（北海道北斗市）大敗蝦夷政權軍隊，進軍到箱館外圍。此時在二股口（北海道北斗市）數度擊退新政府軍的前新選組副局長、現職陸軍奉行並的土方歲三，也不得不撤兵回防箱館。

新政府軍陸續集結箱館外圍，等待海軍聯合發動總攻擊。五月七日新政府軍艦隊在箱館灣與蝦夷政權海軍爆發海戰。蝦夷政權海軍雖然在弁天台場（北海道函館市）的砲擊支援下擊退新政府軍艦隊，但是旗艦回天丸的蒸氣機被擊毀，不得不停在淺灘做浮動砲台，其海軍僅餘下一艘蟠龍丸。由於大局已定，在箱館的外國人憂心被戰亂波及紛紛撤離。大鳥圭介及榎本武揚曾數度夜襲新政府軍，可惜成效不大。

新政府軍準備就緒後，於五月十一日從海陸兩路向箱館發動總攻擊。

海戰方面，蝦夷政權海軍碩果僅存的蟠龍丸，雖然擊沉新政府軍朝陽丸，但寡不敵眾，最終觸礁，與回天丸一樣棄船，海員逃往弁天台場。陸戰方面，即使五稜郭配備新式大砲，仍無法阻止蝦夷政權的劣勢。大鳥圭介等部隊與新政府軍在五稜郭北面交戰過後，乘夜撤退回五稜郭。最要命的是，黑田清隆率領七百名奇襲軍，同日趁天亮前乘船偷襲占領箱館山。占據山頭之利的新政府軍，乘勢在中午前占領箱館市街，斷開弁天台場與五稜郭之間的聯繫。土方歲三為拯救陷入孤立的弁天台場，在一本木關所主動出擊卻不幸戰死。整天激戰過後，蝦夷政權只剩餘五稜郭、弁天台場及千代岡陣屋三地。

蝦夷政權投降

新政府軍攻占箱館市街後，翌日向五稜郭展開瘋狂砲擊。由於砲擊數量驚人，守在五稜郭內的蝦夷政權軍將士，擔心建築物因砲彈擊中倒塌被壓死，晚上不敢在屋內睡覺，只好以石垣及堤防為盾，把榻榻米組成屏風休息。當晚新政府透過高松凌雲，向榎本武揚勸降。榎本武揚在召開會議後，雖然拒絕此決定，不過他是一位愛書之人，捨不得讓珍貴的海上國際法書籍《海律全書》毀於戰火之中，於是將《海律全書》贈予黑田清隆，同時要求讓城內傷兵送離五稜郭醫治。

五月十五日戰事出現變數，弁天台場雖然抵擋住新政府軍的攻擊，但軍糧亦見底，遂正式向新政府軍投降。同日榎本武揚態度開始軟化，將五稜郭內被捕的十一位俘虜交還予新政府軍。新政府軍在接收弁天台場後，遂轉移目標至千代岡陣屋。

高松凌雲挺身護傷兵

就在箱館市街爆發激戰時，箱館醫院院長高松凌雲堅守紅十字會精神不分敵我予以治療。當新政府軍攻入醫院之際，高松凌雲保護所有傷者，並向新政府軍陳情。薩摩藩士山下喜次郎被高松凌雲的無私精神所感動，即席在醫院門前揮毫留字保護其安全，最終箱館醫院免於戰禍。

1
2

1｜反新政府軍進占松前藩主城松前城，松前藩主松前德廣自知不敵被逼棄城逃亡，圖為松前城天守。

2｜土方歲三在一本木關所戰死，後人於現址建立墓碑及仿建關所。

當時負責守衛千代岡陣屋的，正是前文曾提及過、昔日黑船來航之時，登艦磋商的中島三郎助。此時千代岡陣屋分別收到新政府軍促其投降，以及榎本武揚命其撤退回五稜郭的書信。中島三郎助決定選擇第三條路：與千代岡陣屋共存亡！新政府軍見勸降不成，遂對千代岡陣屋發動強攻。

五月十六日天亮前，新政府軍向千代岡陣屋發動總攻擊。還在睡夢中的守軍被突如其來襲擊不知所措，倉皇撤退！中島三郎助面對突襲，仍然堅守千代岡陣屋，與新政府軍周旋。在經歷近一小時戰鬥後，中島三郎助與兩位兒子紛紛戰死，這亦是箱館戰爭的最後一戰。中島三郎助的一生，可說與幕末始末結下不解緣。親自參與見證著黑船來航開國一幕，掀起幕末動盪時代；此刻參與戊辰戰爭最終一戰，為幕末紛亂正式畫上句號。

繼弁天台場後，千代岡陣屋也失守，蝦夷政權僅餘下五稜郭一地，五稜郭內敗戰色彩濃厚，士氣低落。此時黑田清隆為答謝榎本武揚贈送《海律全書》，以五樽酒及五尾鮪魚作為回禮。榎本武揚收到回禮後，似乎對敗局已定有所覺悟，於是要求新政府休戰至翌早七時。新政府雖然答應要求，但表明期限過後將對五稜郭發動總攻擊。休戰期間蝦夷政權首腦們召開緊急會議，會上決定向新政府投降。此時榎本武揚拿出其男兒氣概承擔敗戰責任，決定切腹自盡以換取投降兵士性命，卻被制止。

五月十七日朝早，榎本武揚等蝦夷政權首腦，在龜田（北海道函館市）與黑田清隆等人會面。榎本武揚以蝦夷政權首腦認罪為條件，請求寬大處置五稜郭內兵士，不過黑田清隆擔心新政府不一定會同意，不敢隨便答應。榎本武揚深知已無法再戰鬥下去，於是正式無條件投降，將投降誓書供奉在龜田八幡宮後便回到五稜郭，準備投降事宜。五月十八日早上，榎本武揚等人往龜田自首，五稜郭內約千名士兵解除武裝開城投降，結束長達七個月的「加時戰」，倒幕戰爭戊辰之戰正式告終。

1 地方行政長官。

2 最高負責人。

惜英雄重英雄！黑田清隆甘為榎本武揚剃髮

箱館之戰後，蝦夷政權首腦如榎本武揚、大鳥圭介等七位戰犯，押回東京囚禁。新政府對於處分意見分歧，木戶孝允等長州派主張嚴懲，但遭到黑田清隆的強烈反對。黑田清隆在箱館之戰曾與榎本武揚交手，對於他捐贈稀有的《海律全書》更是心存感激，認為榎本武揚一心為日本將來思考及貢獻。在惜英雄重英雄下，黑田清隆為求寬免榎本武揚等人四處奔走，甚至不惜為此剃髮變成光頭，力爭盡早獲釋。最後在一八七二年（明治五年）一月六日，榎本武揚等七位戰犯獲特赦出獄，日後分別成為新政府官員，為國家貢獻出一份力量。

ここから
中島三郎助父子最後之地
中島三郎助父子最後之地
北海道函館児童相談所

5 | 3 / 4

3 | 中島三郎助在千代岡陣屋戰死，戰死地現今已成為交通道路。

4 | 榎本武揚在龜田八幡宮正式向新政府軍請降。

5 | 日本首個西式城郭：五稜郭，城郭呈星型的特別地型。

熊本城

「西南戰爭」的勝敗關鍵

全國士族原本期望明治政府上台能改善他們生活。不過，明治政府不但沒重視士族，更先後頒布徵兵令[1]、廢刀令[2]及秩祿處分[3]等政策不斷削弱他們的權益，令本身生活困苦的士族苦不堪言，結果士族不滿爆發下，先後出現「佐賀之亂」、「神風連之亂」、「秋月之亂」、「萩之亂」等等暴亂。至於改名為鹿兒島縣的薩摩，士族在西鄉隆盛的安撫下，最終沒有亂事。

而倒幕英雄西鄉隆盛因征韓論下台回鄉，與鹿兒島縣縣令好友大山綱良合作，為改變士族生活而努力。西鄉隆盛明白教育可以改變未來，故在一八七四年（明治七年）六月開辦「私學校」讓士族弟子入讀，校內積極引入西方文化，聘請外國人教師，將優秀學生送往歐洲遊學等等。同時西鄉隆盛為幫助士族轉型尋找新出路，積極訓練士族成為優秀士兵，以備將來為國效命。

不料西鄉隆盛的善意卻引起明治政府猜忌，擔心西鄉隆盛藉此擁兵自重，更視私學校為鹿兒島士族作亂的蘊藏，憂心最終會奪權造反。明治政府遂先下手為強，一八七七年（明治十年）一月，警視廳大警視[4]川路利良，派遣中原尚雄等二十四位警官，表面以返鄉為名回鹿兒島，實際上則混入私學校作間諜，進行「視察」及離間工作。

擦槍走火引發戰爭

不過事態發展很快就急轉直下，明治政府為防止鹿兒島縣士族作亂，祕密將縣內的武器彈藥運走，不料搬運一事在一月二十九日外洩。鹿兒島縣士族不滿明治政府搶走他們的彈藥，於是一連數天搶掠當地軍火庫，不讓彈藥物資落入明治政府之手。

另一邊，私學校的篠原國幹等幹部，對於中原尚雄等人突然回鄉加入私學校一事起疑，擔心他們回來另有目的，於是派遣谷口登太混入他們的圈子裡打探虛實。中原尚雄不知是反間計，視谷口登太為離間私學校內部缺口而親密起來。一月三十日，谷口登太向篠原國幹報告，中原尚雄等人回鄉的目的竟然是「刺殺」西鄉隆盛！這個震撼彈一出，私學校幹部立即派人通知在小根占（鹿兒島縣肝屬郡）狩獵的西鄉隆盛。

西鄉隆盛萬萬沒想到只是去小根占一趟狩獵，鹿兒島局勢竟出現翻天覆地的變化！西鄉隆盛在得知「刺殺」計畫以及士族搶奪明治政府軍火後，心知不妙，立即趕回私學校。「刺殺」西鄉隆盛一事，已紙包不住火，傳遍各地。由於西鄉隆盛在鹿兒島縣有著極高人望，因此民眾無不義憤填膺，各地的私學校學生，紛紛自告奮勇護送西鄉隆盛回去。當西鄉隆盛回到鹿兒島的時候，猶如形成一支小軍隊，足見西鄉隆盛深受當地人的愛戴。

與此同時，私學校幹部拘捕中原尚雄等人，經過嚴刑逼供，中原尚雄等人承認由川路利良授命「刺殺」西鄉隆盛。私學校師生聞訊，確信西鄉隆盛被明治政府盯上而忿忿不平。對於鹿兒島縣士族來說，明治政府怎樣不公平對待他們，他們都可以忍，但是對維護他們權益的西鄉隆盛動手，就士可忍孰不可忍！鹿兒島縣士族對明治政府多年來的不滿來到臨界點，終於爆發。

西鄉隆盛同意參戰

當西鄉隆盛在二月四日晚間回到鹿兒島的時候，形勢變化之快已非所能想象。特別是自身被明治政府視為暗殺目標後，西鄉隆盛認為無法再擔當士族與政府間的橋梁，只

同音字引起的導火線

當年川路利良命令中原尚雄等人，負責「視察」西鄉隆盛，防範其造反。當時中原尚雄告訴谷口登太：「即使『視察』不對也要阻止西鄉隆盛。」由於日文「視察」與「刺殺」的發音都是「しさつ」（shisatsu），不排除谷口登太沒問清楚，誤以為中原尚雄是來「刺殺」西鄉隆盛，遂令事態發展一發不可收拾。當時曾有人質疑，中原尚雄是指「視察」，還是「刺殺」？不過鹿兒島縣士族對明治政府成見很深，自然是往壞方向想了。至於當事人怎說呢？日後中原尚雄快將臨終之際，提及此事明言是「視察」。真相顯示是誤會一場，成為日本最後內戰的導火線。

好聽從私學校幹部的建議入住私學校，讓師生保護這位精神領袖。

翌日，私學校幹部召集各地分校長，總數兩百多人舉行會議決定今後方針。會上別府晉介等人主張大興問罪之師起義上京，在獲得在場大部分人的贊成下，西鄉隆盛最不願看到走向戰爭的局面終於來臨了。西鄉隆盛也是一條好漢子，不但不逃避，更一力承擔責任率眾起義，組成薩摩軍與私學校師生共生死！

就在西鄉隆盛密謀起義之時，不巧川村純義前來探望。西鄉隆盛不欲與川村純義會面，於是讓大山綱良出面，將私學校師生決定東上的消息告知川村純義。不料這件事竟引起川村純義戒心，認為鹿兒島與中央關係緊張之時，西鄉隆盛竟率領私學校師生東上必事有蹺蹊！於是川村純義趕緊發電報予長崎，加強對鹿兒島的警戒，並立刻乘坐軍艦回去，告知明治政府西鄉隆盛將要造反！可以說西鄉隆盛密謀起義的消息意外洩露。

二月十四日西鄉隆盛在私學校檢閱薩摩軍，翌日薩摩軍主隊正式從鹿兒島出發，西南之戰正式開戰！薩摩軍採用池上四郎之策，進攻熊本，留下部分兵力抑制熊本城後，主力東上征討明治政府。這一天，鹿兒島相隔六十年下了大雪，似乎預示前路艱難。明治政府透過川村純義得知西鄉隆盛起義後，於二月十九日獲得明治天皇的詔書正式征討「鹿兒島縣逆徒」。

明治天皇的縝密規畫

明治天皇任命有栖川宮熾仁親王為鹿兒島縣逆徒征討總督[5]，率領三萬七千兵鎮壓薩摩軍，實際指揮則落在兩位參軍[6]山縣有朋陸軍中將及川村純義海軍中將。明治天皇為平衡陸海軍勢力，避免爭權，各任命一位中將為參謀；兩人分別出身長州、薩摩，平衡兩派軍事勢力，而川村純義本身是西鄉隆盛的親戚，有助穩定政府內部薩摩派的情緒，可以說明治天皇的決定十分周全。此外，在西鄉隆盛起兵短短四日內，明治政府能迅速獲得詔書出兵反擊，全靠日本當時廣泛鋪設電報網，讓鹿兒島前線消息可以迅速確認。恐怕明治政府反應之快，讓西鄉隆盛也出乎意料。

熊本司令官谷干城知悉西鄉隆盛起兵後，於二月十四日晚間召開軍議商討對策，會上全體決定死守熊本城打籠城戰，同時指示乃木希典回小倉城（福岡縣北九州市）組織援軍。就在熊本全城防備之際，二月十九日卻發生一件不可思議的事：中午時分，熊本城大小天守突然起火，火乘風勢一發不可收拾。天守內藏彈藥、米糧及薪炭等等，在官軍盡力搶救下，僅能保住對作戰最重要的彈藥，其餘則葬身火海。這場大火不但將被視為熊本城象徵的大小天守燒個精光，連昔日藩主居所的本丸御殿等也無一倖免，更波及城下民居。大戰前熊本城竟然失火，可說是西南戰爭期間一個重要謎團。

西南之戰的開展與熊本城五十二天攻防戰

當薩摩軍先鋒於二月二十日來到川尻（熊本縣熊本市），處於不利局面的官軍，在參謀長樺山資紀的提議下，當晚派遣偵察隊夜襲薩摩軍，西南之戰正式展開。薩摩軍擊退偵察隊後，從俘虜得知官軍打算死守熊本城。

翌夜薩摩軍在川尻召開軍議，商議對熊本的方針。池上四郎主張沿用當初決定，留下部分兵力牽制熊本城繼續東上，卻遭篠原國幹反對，最終決定強襲熊本城，於是西南戰爭首場大戰熊本城之戰正式開

誰是熊本城的縱火真兇

熊本城在西南戰爭期間失火，最終導致大小天守等被焚毀。究竟為何會失火？一般認為是被不知名人士縱火導致，只是這名犯人究竟是薩摩軍的奸細、還是官軍自焚，一直以來都爭相不下。隨著重建熊本城本丸御殿而進行的發掘調查，經過專家考證，發現熊本城大火有被誇大的成分。一般認為熊本城內許多地方被焚，但事實上火災範圍主要是部分本丸及東竹之丸的櫓門一帶。

雖然火災原因眾說紛紜，不過專家們傾向認為犯人是官軍的機會較高。「一般官軍自焚說」認為，由於熊本城天守的精神意義遠大於防守功效，官軍擔心萬一熊本城失守，薩摩軍便會以熊本城天守為大本營及精神象徵。為避免熊本城天守落入敵軍手中，當時司令長官谷干城下令參謀兒玉源太郎執行焚燒大小天守的任務。

打！此時薩摩軍獲得熊本士族加盟，總兵力多達一萬四千人。

二月二十二日拂曉，薩摩軍兵臨熊本城下，迅速包圍並攻擊熊本城。從黎明時分開始，薩摩軍砲擊熊本城足足打了一整天。薩摩軍更在早上辛苦地攻下西面的段山（熊本縣熊本市），從段山砲擊熊本城。雖然如此，只有四千人的官軍，在谷干城等人奮戰下力挽狂瀾，利用熊本城城牆險要拚死抵抗。結果薩摩軍打了一整天後，居然無法攻占城郭一角。

就在雙方於熊本城激戰之際，乃木希典率領的增援部隊主力抵達高瀨（熊本縣玉名市）。乃木希典眼見遠處的熊本城冒煙，心知不妙，親率先頭部隊趕緊救援熊本城。薩摩軍得知乃木希典來援，抽調部分兵力於植木（熊本縣熊本市）擊退乃木希典。當晚，大本營移師到本莊（熊本縣熊本市）的薩摩軍再次召開軍議，會上對於薩摩軍是否繼續強攻熊本城出現很大分歧，西鄉隆盛一錘定音，決定沿用「壓抑熊本主力東上」之策。於是薩摩軍留下包圍熊本城的兵力後，主力繼續東上與官軍交戰。

雖然西鄉隆盛決定不強攻熊本城，不過作為強攻派的篠原國幹等人，仍然不服輸，吞不下這口氣。二月二十三日篠原國幹等人各自率領部隊強襲熊本城，翌日更拉攏砲隊聯合攻擊。也許西鄉隆盛早已料到熊本城城高牆厚，難以一時三刻攻下，結果薩摩軍也是無功而還。篠原國幹對於熊本城也只能認命了。薩摩軍決定留下池上四郎率領三千兵繼續包圍熊本城，其餘則繼續東上以小倉城為目標。

經過數度交鋒，薩摩軍在三月四日於田原坂（熊本縣熊本市）與官軍展開激戰，單是官軍每日便平均消耗多達三十二萬發彈藥。至於包圍軍亦不怠慢，繼續砲擊熊本城，意圖逼使谷干城等人投降。但戰前被燒掉軍糧因而陷入糧荒困境的官軍，在極力節約下還能堅守下去。隨著戰況逐漸對薩摩軍不利，池上四郎不得不抽調包圍熊本城的兵力，支援前線的薩摩軍，令熊本城官軍壓力漸漸減少。官軍還能趁薩摩軍守備漸趨鬆散之際，偷偷出城把少量糧食運入城中。面對包圍軍兵力不足，桐野利秋建議池上四郎實行水攻。三月二十六日，薩摩軍分別引入坪井川及井芹川河水湧向熊本城，不過水攻成效不彰，無法全面包圍熊本城，城內官軍更撤走被水淹地區的防備，集中兵力固守其他地方，水攻之計以失敗告終。

隨著包圍日子漸長，官軍雖然面對糧食匱乏困境，但卻漸漸取回主動權，更嘗試與外面友軍取得聯繫。四月八日，官軍組成突圍隊、侵襲隊及預備隊三個小隊往南面出擊，侵襲隊出城打頭陣突襲薩摩軍，突圍隊乘亂突破薩摩軍包圍南下至宇土（熊本縣宇土市），與從八代（熊本縣八代市）登陸的官軍衝背軍匯合。衝背軍顧名思義，就是擔當官軍支隊的角色，在薩摩軍主力後方登陸夾擊敵人。衝背軍知悉熊本城被圍及糧食缺乏情況後，於四月十二日北上向川尻等地的薩摩軍展開反攻。

神風連

3 | 1 / 2

1｜西鄉隆盛在鹿兒島起義，爆發西南戰爭，熊本城成為主戰場之一。圖為熊本震災後的熊本城大小天守及宇土櫓。

2｜熊本士族因不滿明治政府冷待，爆發神風連之亂，在熊本城二丸遭官軍擊潰。

3｜當年鎮守熊本城的官軍大將谷干城。圖為熊本城外的谷干城像。

前文曾提及過的會津英雄山川浩，此時為衝背軍將領之一。山川浩背負著會津的屈辱，極力希望藉戰功一洗當年會津為國賊的污名，因此山川浩對為國出征、特別是討伐昔日宿敵薩摩軍更為起勁。四月十三日，山川浩眼見衝背軍攻入川尻與薩摩軍激戰之際，在機不可失下，抽調部分兵力組成撰拔隊，親率撰拔隊冒死突圍直衝熊本城，拯救昔日提拔自己的恩人谷干城。翌日下午四時，山川浩率隊趕到熊本城下，熊本城內眾人見援軍趕到大喜，而薩摩軍因集中兵力至木山（熊本縣上益城郡），解除對熊本城的包圍。歷時五十二天的熊本城之戰，最終以谷干城的官軍死守獲勝告終。事後山川浩雖然因無視作戰計畫獨自行動而受到斥責，不過會津軍成為解救熊本城的「一番槍」[7]，從而受到國內肯定，提升會津人的形象。

熊本城雖然是江戶時代所興建的和平之城，卻有幸參與自明治維新以來第一場、也是最後一場內戰。當初薩摩軍恃著兵多，輕敵強攻熊本城。谷干城指揮有方固然應記一功，但熊本城的石垣亦大大加強官軍的防守能力。特別是名為「武者折返」的城牆構造，讓薩摩軍無法爬上城牆頂入侵城內，結果薩摩軍沒一個人能攻入熊本城。據說西鄉隆盛在熊本城撤退時曾感嘆：「我不是敗給官軍，是敗了給清正公！」可說是對熊本城建築者加藤清正的最大讚美！

1 打破士族當兵專利。

2 廢除士族帶刀特權。

3 士族失去俸祿。

4 警視總監。

5 總司令官。

6 副司令官。

7 首名衝入的頭功。

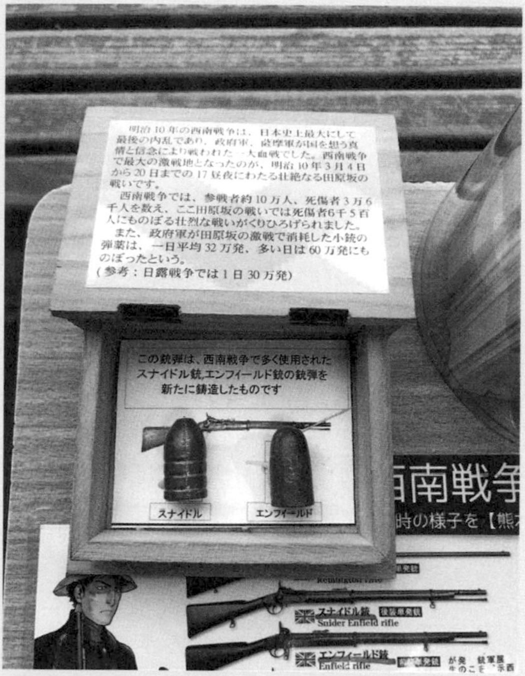

4

5

4｜西南戰爭時雙方所用的子彈，當時官軍一日平均發射多達三十二萬枚，最多曾達六十萬發，可見戰況相當激烈。

5｜熊本城「武者折返」石垣，其弧型曲線坡道設計，令薩摩軍無法爬入城內。圖為熊本城未申櫓。

鹿兒島城

「末代武士」西鄉隆盛

西鄉隆盛在關鍵的田原坂之役戰敗，熊本城久攻不下被逼放棄，代表著薩摩軍自此陷入劣勢，西南戰爭似乎已決定了戰局。恐怕西鄉隆盛萬萬沒想到，一心為鹿兒島士族尋找新出路，卻被明治政府塑造成舉兵謀反的逆賊，落得四面楚歌的困境。

薩摩軍連戰連敗，固然有許多因素，但其中一個重要原因，就是薩摩軍的根據地鹿兒島，竟然很早就被官軍所攻陷。明治政府先來一招「擒賊先擒王」，爭取前薩摩藩國父島津久光支持以動搖薩摩軍，於是趁薩摩軍主力離開鹿兒島後，派遣元老院議官柳原前光為敕使，於一八七七年（明治十年）三月率兵直搗黃龍，進入薩摩軍老巢鹿兒島！

柳原前光來到鹿兒島後，試圖遊說島津久光，不料島津久光堅持中立，安撫之策以失敗告終。不過柳原前光在離去前，大肆破壞當地軍工廠並扣押武器彈藥，導致薩摩軍前線難以補給，無法避免走上失敗的道路。不久，川村純義在四月率領海軍正式進駐鹿兒島。川村純義來到鹿兒島後，著手穩定人民生活，前縣令大山綱良因支持薩摩軍已經被捕，遂命令仁禮景通擔任臨時縣令代行警察職務，追捕支持薩摩軍的逃亡官員，翌月新鹿兒島縣縣令岩村通俊正式上任。

西鄉隆盛率領的薩摩軍自熊本撤退後，進軍方針已轉攻為守，曾一度以人吉城（熊本縣人吉市）為根據地，企圖控制三州（薩摩[1]、大隅[2]、日向[3]）繼續抵抗官軍。但畢竟官軍在兵力上占有優勢，薩摩軍於劣勢下，死的死、降的降，此消彼長下薩摩軍勢力範圍不斷縮小。官軍接連光復人吉，以及大隅、日向兩州後入侵薩摩。薩摩軍在兵力所餘無幾下，西鄉隆盛只好率領餘眾撤退回鹿兒島。

薩摩軍在九月一日回到鹿兒島後，一方面以城山（鹿兒島縣鹿兒島市）為據點布陣，另一方面攻入鹿兒島市街，突襲駐守鹿兒島城的官軍奪回私學校。當時鹿兒島市民情傾西鄉隆盛，紛紛支持薩摩軍，薩摩軍很快便奪回鹿兒島

影響戰爭的鹿兒島城「私學校」

一八七四年（明治七年）六月，西鄉隆盛在鹿兒島城內分別設立「幼年學校」、「銃隊學校」及「砲隊學校」共三間學校。「幼年學校」以薩摩藩眾人因明治維新功績賜予的賞典奉祿而設，因此有「賞典學校」之稱。西鄉隆盛、大山綱良、桐野利秋及大久保利通都有份捐獻。至於西鄉隆盛另外兩間學校的費用，則是大山綱良以「私學校」名義，偷偷從縣內預算支付，同時在鹿兒島縣內各地設置分校。這三間學校主要教授漢文及軍事訓練，只准前薩摩藩士族及城下出身者入讀。西鄉隆盛建立這些學校的目的，就是為了安撫當地士族，防止因不滿明治政府而爆發暴動，並為他們尋找新出路。不過在明治政府眼中，私學校卻是西鄉隆盛對政府不滿，回鄉後招攬士族結黨營私圖謀不利，最終爆發了西南戰爭這場悲劇。戰後這三間學校遭到廢除。由於鹿兒島城內的私學校曾成為戰場，所以現今私學校原址石垣，還殘留著西南戰爭時的子彈痕跡。

城。官軍聞訊集結各路大軍，以米倉（鹿兒島縣鹿兒島市）為大本營，向鹿兒島城的薩摩軍展開反攻。然而兩軍實力懸殊，鹿兒島城僅僅兩天便被官軍收復，薩摩軍只好退回大本營城山，繼續負隅頑抗。九月四日，西鄉隆盛做出最後反撲，組織敢死隊突襲官軍的米倉大本營，可惜以失敗告終。九月六日，官軍完成對城山的包圍，此時薩摩軍只剩下約三百五十人，可說是大勢已去，西鄉隆盛的上京夢已然幻滅。

城山之戰

自從官軍包圍城山後，薩摩軍只能坐以待斃。由於西鄉隆盛在薩摩軍內部深具魅力，加上只是被推舉當領袖，並非有心反抗明治政府，因此有部分將士希望西鄉隆盛能倖免於難，逃出生天。在將士們的幾經商議之下，一八七七年（明治十年）九月十九日，山野田一輔等人以軍使身分，潛入官軍陣營，叩見與西鄉隆盛有淵源的川村純義，希望赦免西鄉隆盛，卻不幸被捕。

西鄉隆盛聞訊，不忍心捨棄戰友，於九月二十二日在城山發出公告，決心死戰，與薩摩軍共存亡。官軍另一參軍山縣有朋，得悉西鄉隆盛決意後，便寫信命令早前被捕的山野田一輔帶回去。西鄉隆盛一看，原來山縣有朋勸說西鄉隆盛自裁，一死以謝

1｜鹿兒島城二丸的私學校，是西鄉隆盛為當地士族尋找新出路所設。

2｜西鄉隆盛曾一度以人吉城為據點。

天下，但西鄉隆盛並沒因此動搖其死戰決心。官軍眼見西鄉隆盛沒有回信，便宣布在九月二十四日上午四時，向城山發動總攻擊。

由於西鄉隆盛在全國有著崇高的名譽及親和力，不只薩摩軍人人視為偶像，連官軍內尊崇西鄉隆盛的亦大有人在。就在城山總攻擊前夜，官軍軍樂隊特地向城山演奏葬禮曲，向西鄉隆盛做最後的致敬。向西鄉隆盛奏樂這個傳統，至今仍被保留下來。每年九月二十三日，自衛隊吹奏樂團都會在西鄉隆盛墓地奏樂，可見這位在鹿兒島人心中的大英雄，即使過了百多年仍然受人尊崇。

九月二十四日上午四時，官軍正式向城山發動總攻擊，西鄉隆盛親率餘下薩摩軍迎擊，全滅只是時間上的問題。西鄉隆盛在力戰下股腹中槍，重傷之下在島津應吉久能邸門前止步。此時西鄉隆盛呼叫別府晉介，「晉殿，晉殿，好了，就在這裡吧！」身邊將士聽罷紛紛跪在西鄉隆盛身旁。西鄉隆盛整理好衣襟，跪座著向東面的天皇居所遙拜後，便切腹自盡，享年四十九歲。別府晉介為西鄉隆盛介錯後，亦切腹自盡，桐野利秋等人都相繼戰死。上午九時，城山之戰宣告結束，標誌著日本最後內戰：西南戰爭正式宣告落幕。這場歷時半年多的西南戰爭，官軍兵力雖然逾薩摩軍一倍，但雙方戰死者數目接近，具逾六千人以上。

這場戰爭因傷者眾多，促成博愛社興起，不分敵我為前線傷者救治，奠定日後日本紅十字會的基礎。此外，熊本醫生鳩野宗巴，因基於人道立場替薩摩軍傷者治療，在戰後被視為助敵行為遭拘捕，不過最後法院裁定無罪釋放。

城山之戰後，山縣有朋負責為薩摩軍驗屍，對西鄉隆盛首級遺體珍而重之地入棺，臨時埋葬於淨光明寺跡（鹿兒島縣鹿兒島市）。因此西鄉隆盛墓地上，只插上由岩村通俊寫下名字的木標。一八七九年（明治十二年），西鄉隆盛正式改葬於附近的南洲墓地（鹿兒島縣鹿兒島市）長眠至今。至於早前被捕的大山綱良，因被揭發以政府資金援助西鄉隆盛起義，戰後於長崎被斬首。

雖然明治政府在西鄉隆盛死後，褫奪其官位名譽並以賊將、逆徒等稱之，不過西鄉隆盛的名望早已遍布全國，不只一般百姓對西鄉隆盛敬愛有加，替其為了士族犧牲感到惋惜，就連明治天皇也不例外。明治天皇一直非常尊敬西鄉隆盛，即使爆發西南戰爭，明治天皇也從沒打算處死西鄉隆盛。當西鄉隆盛戰死的消息傳出後，明治天皇不禁洩氣地說：「沒有說過要殺死西鄉……。」日後在明治天皇及黑田清隆的努力下，隨著一八八九年（明治二十二年）二月十一日公布《大日本帝國憲法》，大赦天下，不但赦免了西鄉隆盛的罪名，更追贈回正三位官位，從此洗刷西鄉隆盛的污名。

自西鄉隆盛平反後，吉井友實、樺山資紀等仰慕西鄉隆盛的人，便籌備為他建造銅像，歌頌這位維新功臣。當建造銅像消息一出，上至宮內省[4]，下至全國百姓，逾兩

4 | 3
5 |

3｜薩軍以鹿兒島城背後的城山為最後據點。
4｜私學校城牆上滿布子彈痕跡，可見當時雙方交戰激烈。
5｜西鄉隆盛力盡，最後在此地切腹自盡。

西南戦争の銃弾跡
Bullet holes from the Seinan Civil War
西南战争弹痕遗迹 西南戰爭彈痕遺跡

萬五千人捐款響應。一八九八年（明治三十一年）十二月十八日，這座由高村光雲所做的西鄉隆盛銅像，自此樹立於東京都上野公園（東京都台東區）。

西鄉隆盛雖然在西南戰爭輸了，但其親切溫和、為民請命的形象早已深入民心，坊間特別是鹿兒島縣民一直對西鄉隆盛的仰慕有增無減，可說是人民心目中的大英雄。

1 令制國之一，現今鹿兒島縣西部。
2 令制國之一，現今鹿兒島縣東部。
3 令制國之一，現今宮崎縣。
4 負責管理天皇、皇室及皇宮事務部門。

西鄉糸子：這不是我老公！銅像的爭議之謎

當上野公園的西鄉隆盛銅像落成之際，邀請了西鄉隆盛之妻西鄉糸子參觀揭幕式。不過當揭幕一刻，西鄉糸子不禁脫口而出說：這不是我老公！此話一出，在當時造成一定迴響。起初大家以為西鄉糸子所說的，是指西鄉隆盛樣貌或與原本有落差。不過據西鄉糸子事後解釋，不滿地方並非樣貌，而是西鄉隆盛穿著浴衣，猶如溜狗散步的打扮。西鄉糸子表示，西鄉隆盛生前注重禮儀，在廣大群眾面前只會穿著禮服，絕不會以平常打扮展示。

當時負責構思銅像造型的大山巖事後說明，西鄉隆盛並非在溜狗，而是帶著愛犬去獵兔，喻意西鄉隆盛捨棄一切名利，回復真我走入山中狩獵，展現本來姿態。這座銅像大山巖雖然想表達西鄉隆盛那種淡泊名利的真我個性，但沒想到這個銅像畢竟是面對廣大群眾，難怪西鄉糸子不禁脫口而出訴說不滿了。

首里城

琉球歸入日本記

日本自踏入明治維新以來，一方面在國內勵精圖治，另一方面尋求向海外擴張的野心。西南戰爭結束後，明治政府無內顧之憂，集中全力對外侵略，追上歐美列強的步伐。當時最熱門的首選非韓國莫屬，不過日本的野心又豈只韓國一處？就在部署針對韓國入侵策略的同時，對另一個地方也早已虎視眈眈，更比韓國早一步進行吞併！這個地方就是琉球。

琉球本身是島嶼小國，一四二九年（永享元年）尚巴志統一琉球建立琉球尚氏王朝，將居城定於首里城（沖繩縣那霸市）。首里城作為琉球首都，集政治、經濟、文化及對外貿易於一身而興盛。琉球先後經歷兩個尚氏王朝，一直是向中國稱臣朝貢。

不過好景不常，踏入江戶時代，江戶幕府透過薩摩藩，要求琉球作為仲介，恢復中日貿易通商。唯當時琉球國王尚寧對此視而不見，引起江戶幕府不滿。同時，薩摩藩主島津家久[1]，為獲得琉球經濟貿易利益，向江戶幕府提出武力侵略琉球的請求。結果薩摩藩在江戶幕府同意下，於一六〇九年（慶長十四年）三月出兵入侵琉球，僅花一個月時間便兵臨首里城下，尚寧向薩摩藩請降。

島津家久按照江戶幕府的意思，沒有消滅琉球王朝，而是把琉球收為附庸國。自此琉球尚氏王朝，表面上仍以獨立國家身分存續向中國朝貢，唯實權由薩摩藩掌控。同時琉球國王以義務性質，派遣使者前往江戶叩見將軍。薩摩藩在琉球的那霸（沖繩縣那霸市）設置在番奉行，間接操控琉球王朝的對外貿易，特別是藉此間接向中國進行朝貢貿易獲益。此時琉球王朝仍維持自身獨特文化，服式亦偏向中國風格，在江戶幕府及薩摩藩的庇護下，仍能苟延存續兩百多年。

明治政府染指琉球

隨著江戶幕府倒台、明治政府成立，明治政府並不滿足於以往琉球與江戶幕府之間的臣從關係，更覬覦琉球資源，企圖吞併。明治政府的第一步，就是藉著「八瑤灣事件」的機會，改變對琉球關係。

一八七一年（明治四年）十一月八日，琉球朝貢船遇上颱風，其中一艘飄流至台灣東南部八瑤灣（屏東縣滿州鄉），當中五十四位琉球船員不幸被當地原住民所殺，是為「八瑤灣事件」。清廷按照慣例，向琉球索賠，而琉球國王尚泰亦欣然接受。不過尚泰此舉，卻令明治政府大為不滿。明治政府認為，既然琉球從屬日本，尚泰竟私自答應賠款簡單了事，此舉失當有辱國體。不少人眼見對琉球有機可乘，亦隨之附和，大藏大輔[2]井上馨更在一八七二年（明治五年）五月建議藉此收回琉球。明治政府經商議後，決定趁尚泰遣使祝賀明治政府成立的機會，下達對琉球的「處分」。

尚泰在八月派遣其子尚健、向有恆等人為慶賀使，抵達東京，祝賀明治政府成立，但他們萬萬沒想到明治政府會回贈以下這份「厚禮」：九月十四日明治天皇宣布，將琉球國貶為琉球藩，取消一切外交權利。同時冊封尚泰為琉球藩王，列為華族，另賜予尚泰三萬日圓（折合現值約一點八億台幣）作為補償。尚健即使萬般不願意，也只能乖乖接受。

出兵吞併，琉球滅亡

明治政府此舉將琉球由隸屬鹿兒島縣變為直接管轄，用意將琉球視為國民，展開併吞琉球的第一步，並將琉球藩外交權移交至外務省統一處理。為免引起清廷反彈，仍准許琉球藩繼續自稱琉球國王向清廷朝貢。有學者認為琉球被貶為琉球藩的那一刻起，琉球王國早已名存實亡。

一八七三年（明治六年），日本漁民飄流到台灣被當

有骨氣的琉球藩

不久，明治政府宣布代替琉球藩償還予鹿兒島縣（原薩摩藩）二十萬兩[3]的債務，不過琉球藩有骨氣，不甘這樣被人視為傀儡，決意拒絕明治政府代償債務。最終琉球藩透過大藏省做擔保，以特產砂糖為抵押，獲第一國立銀行低息貸款二十萬日圓（折合現值約十二億台幣）還清債務。

地原住民所殺。明治政府在三月以祝賀同治皇帝親政為由，派遣外務卿[4]副島種臣等人前往中國。此時外務大丞[5]柳原前光提及早前的八瑤灣事件，將琉球人與日本人被殺兩事一併向清廷總理衙門索償。清廷沿用以往「生番係化外之民」慣例賠償敷衍日本，日本卻以此答覆為由，於一八七四年（明治七年）正式向「化外之地」台灣出兵。

清廷聞訊向日本提出抗議要求撤兵，更派遣沈葆楨、唐定奎等率兵入台救援。明治政府任命大久保利通為全權弁理大臣[6]，於九月十四日前往中國進行交涉。結果在英國調停下，日本於十月三十一日與清廷簽訂了《北京專約》。清廷承認日本出兵保護國民「義舉」而不追究責任，並向日本賠償五十萬兩（折合現值約三十億台幣）。

明治政府乘著這次外交勝利，決意進行第二步計畫！一八七五年（明治八年）七月，明治政府派遣內務大丞[7]松田道之前往琉球，對琉球藩下達「去中國化，歸日本化」的命令。當中包括以日本年號取代清廷年號；廢除當地法律及官制，以日本法律及官制所取代，並仿效日本進行藩政改革；琉球藩王需前往東京參與政務；而最重要一點，就是廢除琉球向清廷朝貢及冊封，變相與清廷「斷交」。

這次引起琉球藩的強烈反彈，雖然琉球藩礙於形勢，最終接受了明治政府大部分的要求，唯獨與清廷「斷交」一事，琉球藩強烈希望繼續與清廷維持朝貢關係。琉球藩曾多番遣使前往東京請願，指琉球與清廷斷交有失信義，同時亦向清廷及西方各國等請求出面交涉。可惜明治政府對琉球藩的態度大打拖字訣，無視琉球藩請願之餘，更乘機剝奪琉球藩的審判權和警察權。至於清廷方面，一八七八年（明治十一年）十月清廷駐日公使何如璋，正式向日本就禁止琉球朝貢提出抗議，更邀請英法等西方國家針對琉球一事評理，不過日本態度強硬，結果也是不了了之。

琉球藩的強烈反抗態度，令明治政府十分不滿，更加速吞併琉球的決心，深恐事件鬧大對自身不利。內務卿[8]伊藤博文在十一月命令松田道之起草「琉球藩處置案」，正式準備吞併琉球。翌月，松田道之下令將位於東京的琉球藩官員全數驅逐回琉球。琉球官員心生忿懣，紛紛到其官邸抗議。一八七九年（明治十二年）一月，松田道之來到琉球，向尚泰做最後警告，要求琉球與清廷斷交。在尚泰果斷拒絕後，三月二十七日松田道之又再次前往琉球，這次帶了三百多名日軍及一百六十多位警察來到首里城，代表明治政府正式宣告廢除琉球藩！面對裝備精良的日軍，尚泰聽到廢藩便嚇得三魂七魄都飛了，更因此生病臥床，只好將交接工作交給尚弼處理。日本在四月四日正式將琉球改名為沖繩縣，任命鍋島直彬為沖繩縣首任知事，宣告吞併琉球一事完成。琉球自此跟隨日本步伐現代化，琉球尚氏王朝亦正式宣告滅亡。

明治政府接管琉球，除派遣內務官僚及警察外，更從熊本調動軍隊進駐。琉球被日本占領的消息一出，果然引起琉球臣民反彈，不少琉球王族士族亡命逃至清廷繼續

1
2

1｜琉球國首都首里城，現址成為首里城公園公開參觀。

2｜首里城著名的守禮門，兩千日圓紙幣圖案便以此設計。

抗命。宮古島（沖繩縣宮古島市）當地士族組織起來反抗，更演變成暴動殺死支持日方島民的「贊成事件」，結果被沖繩縣警察所鎮壓。

琉球尚氏王朝既已滅亡，那麼尚泰下場又如何呢？明治政府在一八七九年（明治十二年）五月命令尚泰一族移居東京，翌月尚泰會面明治天皇，受封為從三位，俸祿八萬九千石，另賜二十萬日圓（折合現值約十二億台幣）及宅邸。華族令頒布後，以琉球藩原有石高數，尚泰原應列為伯爵，唯明治政府為表示對「琉球國王」敬意，將尚泰冊封為侯爵，並以破格經濟待遇，善待尚泰；分家亦獲男爵待遇。以一個亡國之君而言，可說是一個相當不錯的結局。尚氏一族流傳至今，現今家主尚衛一直為保存沖繩歷史文物而努力。

清廷的反對

清廷對琉球被日本吞併一事大為不滿，拒絕承認合併之餘，更向日本再三抗議，要求恢復琉球王朝。清廷邀請美國前總統尤里西斯．格蘭特（Ulysses Grant）針對琉球一事出面仲裁，中日兩國在一八八〇年（明治十三年）於北京展開交涉。格蘭特提出「琉球三分案」，將琉球國畫分為三，南部歸中國、中部歸琉球、北部歸日本，卻遭日本拒絕；日本則反建議「分島改約案」，把宮古島以南諸島歸琉球，則遭清廷拒絕，最終中日雙方談不攏回歸原步，清廷直至甲午戰爭戰敗後，才不再向日本提起恢復琉球王朝。

1 獲德川家康賜名，由忠恆改名家久，與其四叔名字相同。
2 昔日最高財政機關大藏省的第二把手。
3 當時兌換值為一兩兌換一日圓。
4 外交部首長。
5 外交部高官，官職次於卿、大輔及少輔。
6 獲全權委任以國家代表身分與外國交涉。
7 內政部高官，官職次於卿、大輔及少輔。
8 內政部首長。

5 | 3 / 4

3｜首里城正殿前的奉神門。

4｜首里城正殿，惜遇祝融光顧於2019年（令和元年）焚毀。

5｜中日兩國在春帆樓簽訂馬關條約，自此中國無再對日本吞併琉球提出抗議。

丹波龜山城

日本政府鎮壓宗教的「大本事件」

日本歷經明治時代踏入大正時代後，表面欣欣向榮，不過在繁華的背後，日本政府處事手法卻偏向法西斯統治，當中對新興宗教打壓可見一斑。其中大正昭和時代惡名昭彰的「大本事件」，成為戰前日本的一個污點。

大本事件的主角出口王仁三郎，原名上田喜三郎，一八七一年（明治四年）八月二十七日生於一個務農家庭。祖母上田宇能為著名的「日本言靈學」中村孝道之妹，因此上田喜三郎傳承了祖母言靈學的功力。天資聰穎的他有著神童之譽，特別對於明智光秀在家鄉所築的丹波龜山城（京都府亀岡市）深深著迷，期望他朝坐擁丹波龜山城活躍於天下。

明治時代後期，出口直在綾部（京都府綾部市）建立新興宗教大本教。上田喜三郎加入後，利用言靈學知識火速上位，更被出口直招為入贅女婿，改名出口王仁三郎，在其妻出口澄繼任教主後，出任教主輔[1]一職。大本教在出口王仁三郎的輔助下，得以茁壯成長，一九一九年（大正八年）十一月十八日，出口王仁三郎終於得償童年所願，購入因沒人管理而荒廢的丹波龜山城，並以此為根據地展開傳教活動。翌年八月十七日更收購大阪[2]著名報章《大正日日新聞》，活用報章宣傳增添影響力。

出口王仁三郎活用天賦及言靈學知識做出不少預言，推崇古神道及末世論引起世間很大迴響，加上出色的交際手腕，令大本教勢力迅速擴張，不但與部分政治團體有聯繫，更吸納不少知識分子、軍人甚至華族信教。出口王仁三郎如此高調行事，自然引起許多人嫉妒不滿，不少主流媒體痛斥大本教的主張及預言對世間造成混亂。出口王仁三郎針對「國家神道」天皇宗教權威提出異議，更直接刺中日本政府對宗教的憚忌。

自明治維新以來，日本政府對宗教方面加強管制，推崇「國家神道」，新宗教例如金光教、天理教等，皆因遵從「國家神道」獲公認。至於新興的大本教，並非在日本政府認可的範圍內。大本教做出與政府主導思想相逆的言論，對當局而言更是芒刺在背。對於大本教的活躍，特別是不少軍人幹部信教，無論是日本政府、警察以及司法機關，都不約而同抱有戒心，擔心萬一大本教「起義」，將對全國造成大混亂。為免事態發展至不可收拾的地步，日本政府遂先下手為強，張羅罪名整頓大本教。

第一次大本事件

一九二〇年（大正九年）八月內務省首先發難，以對天皇不敬及過激思想為由禁止大本教教典《大本神諭·火之卷》發行；京都府警察更警告出口王仁三郎不准預言。翌月針對前教主出口直奧都城[3]，以「與天皇陵相似」為由，科以罰款及改修墓地。總理大臣原敬在日記上，批判大本教發展及布教方法。由此可見大本教勢力的急速成長，對以天皇制為核心的日本政府而言已經構成威脅，最終演變成「第一次大本事件」。

一九二一年（大正十年）二月十二日，日本政府以「不敬罪」及「違反新聞紙法」兩罪為由，拘捕起訴出口王仁三郎等人。警察們全副武裝突擊搜查大本教根據地丹波龜山城，拚命搜查各處，如發現武器便予以「內亂預備罪」重罪整治大本教，結果當然是白忙一場。重罪治不成，日本政府遂動員媒體針對大本教批判。媒體以「危害國體為大本教大陰謀」、「淫祀邪教」、「王仁三郎如惡魔」等負面煽情手法報導，從輿論打壓大本教，導致教團內部出現對出口王仁三郎夫婦不滿。出口王仁三郎被囚禁一百二十六日後雖然獲准保釋，卻被當局要求縮小出口直的墓地，更以違法為由，將墓背後的稚姬神社燒掉。同時針對綾部的本宮山神殿，以參照伊勢神宮興建為由，違反法律強行拆卸，費用由大本教支付。

九月十六日大阪控訴院（法院）（大阪市北區）開始進行審訊，十月五日一審判決出爐，出口王仁三郎被裁定不敬罪及違反新聞紙法判囚五年。大本教不服提出上訴，當上訴至大審院（最高法院）時，大審院卻以「前審出現重大缺失」為由推翻原判，發還重審。就在這一片爭議聲中，大正天皇突然在一九二六年（大正十五年）十二月二十五日駕崩。在全國特赦下，出口王仁三郎亦得以赦免。

雖然第一次大本事件終告一段落，不過出口王仁三郎依然故我，並未退縮，繼續宣教之餘，更與世界各地宗教組織聯手，進行各種社會活動。隨著「昭和維新」興起，軍部革新派盛行，提倡軍國主義，在右翼風潮盛行下，出口王仁三郎與右翼人士交流藉此擴大影響力。

一九三四年（昭和九年）七月，出口王仁三郎組成昭和神聖會，在東京九段會館（東京都千代田區）進行成立儀式。昭和神聖會提出各種愛國主張，包括盡快廢除華盛頓海軍裁減條約、實現皇族内閣制、強烈批判天皇機關說、援助東北地區的窮鄉僻壤等等，簽署支持政策的人數多達八百萬人。

此時大本教勢力支部多達一千九百九十處，信徒估計約一百萬至三百萬人，信徒中大約三成為大學畢業的高學歷者，不少政治家及軍人皆是信徒，尤其深受軍部皇道派歡迎，形成一股不可忽視的宗教勢力。

第二次大本事件

日本政府在第一次大本事件結束後，一直視出口王仁三郎為潛在威脅，不但監視大本教，更欲除之而後快，部分媒體亦指摘日本政府對大本教的危機意識不足。隨著日本因經濟大衰退及被國際孤立影響，國内外局勢益發不安，大本教可說是給予民眾強而有力的宗教信仰。目睹大本教勢力更勝從前，日本政府擔憂軍部皇道派及右翼團體與大本教聯手，發動大規模叛亂奪權。大本教的威脅遠比當時新興的共產主義為大，日本政府遂決意剷除他們眼中的「毒瘤」。內務省警保局長[4]唐澤俊樹在十月以起訴大本教為前提進行調查，收集大本教罪證引發「第二次大本事件」。

經過一年多的追查，一九三五年（昭和十年）十二月八日，五百名警察分別突襲大本教在綾部及龜岡的總部。警方深信大本教為「邪惡組織」，突襲丹波龜山城的話，必會令對方拿起武器反抗，引起死傷。因此警察在出發前，學習赤穗事件般交換飲用「水盃」作告別，抱著視死如歸之心進行突襲。

不過，這次突襲結果跟上次一樣，不但在丹波龜山城找不到任何武器，大本教幹部信徒也乖乖投降並未反抗，警察遂破壞丹波龜山城的設施。出口王仁三郎在松江（島根縣松江市）傳教途中，被當局以「不敬罪」及「違反治安維持法」兩罪拘捕，各地支部被取締，約三千名信徒自首或被帶至警署。結果九百八十七人被捕、三百一十八人轉交檢事局、最終被起訴的只有六十一人。警察為了羅織罪名，遂用嚴刑拷問幹部信徒，結果有人受不了拷問而死，出口王仁三郎長女婿出口日出麿，則被折磨至精神失常。不過即便如此，警方依舊沒有找到罪證，畢竟這只是日本政府強加於大本教的莫須有罪名。

就在拘捕行動後兩個多月，日本即發生刺殺政府及軍方部分高層的「二二六事件」，原定慶祝拘捕大本教的慶功宴也被逼取消。二二六事件中被捕的首謀北一輝，不但否定大本教是邪靈宗教，更撇除與大本教的關連。不過此舉卻令日本政府深信軍部皇道派、右翼勢力與大本教三者關係密不可分，遂用更強硬手段尋找罪證，企圖治大本教的罪。

瘋狂的日本政府

第二次大本事件鎮壓程度遠比上次來的嚴重。《靈界物語》等大本教刊物，被冠上「擾亂安寧秩序」為由禁止販賣頒布。當局利用媒體，以聳人聽聞的手法，大肆渲染大本教及出口王仁三郎為妖教及怪物，大本教信徒被冠以「反逆者」、「非

二二六事變與出口王仁三郎

事實上，二二六事變首謀北一輝，與出口王仁三郎關係密切。事發兩個多月前的十二月六日，北一輝曾要求出口王仁三郎提供資金發動暴亂，不料遭出口王仁三郎嚴詞斥責拒絕。北一輝氣得企圖暗殺出口王仁三郎。不料兩日後即爆發「第二次大本事件」，出口王仁三郎被捕，令暗殺計畫落空。出口王仁三郎被捕後卻表示，「猶如被警察保護一樣，北一輝等人料必捶胸頓足吧！」由此可見出口王仁三郎雖然與北一輝及軍部皇道派關係密切，卻反對實行二二六事變。

國民」等標籤，從精神及經濟層面極力打壓大本教。當時大本教信徒猶如「過街老鼠，人人喊打」，其處境猶如江戶時代的隱性基督徒一樣。

二二六事件後，日本政府將取締大本教的行動升級。一九三六年（昭和十一年）三月十三日，司法大臣[5]林賴三郎決定以「不敬罪」及「違反治安維持法」嫌疑正式起訴大本教，內務大臣[6]潮惠之輔強行命令大本教解散。唐澤俊樹更下令全國警察，用盡一切辦法徹底掃蕩大本教，清拆全國大本教的神社建築、石碑及相關設施，位於丹波龜山城的龜岡總壇也不例外。

當局事前與綾部及龜岡的地方議會達成協議，將大本教兩處合共五萬坪、時值八十萬日圓（折合現值約十二億台幣）的土地，僅以六千日圓（折合現值約九百萬台幣）向出口王仁三郎夫婦強制收購。至於拆除丹波龜山城內設施工程，則由清水組以九萬兩百零四日圓（折合現值約一億三千五百三十萬台幣）承包，當局強行要求大本教承擔其中約三萬日圓（折合現值四千五百萬台幣）的拆卸費用。工作人員以炸藥炸毀丹波龜山城神殿，並將炸毀石塊直接丟棄於日本海。

日本政府繼續整肅出口王仁三郎，將其家族個人土地等財產以賤價形式強行拍賣。大本教石碑及信徒墓石，亦被當局刻意破壞。更甚者，前任教主出口直被開棺，移至公眾墳場肆意羞辱，在腹部插上墓標。日本政府所作所為，顯然已過火，毫無人性可言，民間遂開始出現同情大本教的聲音。作家坂口安吾曾到訪被當局強拆的丹波龜山城廢墟，將其慘況收錄在《日本文化私觀》一書。

打臉日本政府的「逆轉裁判」

有關大本教的審訊，在一九三八年（昭和十三年）八月於京都地方裁判所（京都市中京區）開審。雖然大本教處於全國公敵的狀態，但仍獲清瀨一郎、高山義三等眾多律師組成的龐大律師團辯護，與政府檢察官在庭上激辯。檢察官在庭上形容大本教為顛覆國家、消滅世界的邪惡組織，出口王仁三郎否定日本傳統天皇說，儼如世界獨裁者等主張。一九四〇年（昭和十五年）二月一審判決，宣判被起訴的五十五人[7]有罪。出口王仁三郎被判處終生監禁，其他人的刑期則由兩年至十五年不等。大本教不服，提出上訴。

二審在十月十六日展開，出口王仁三郎在答辯時重申，他所提倡的社會改革純粹出於愛國熱誠，旨在令日本變得更好，而非要顛覆國家，裁判長高野綱雄被出口王仁三郎的熱誠深深感動。同時裁判所對陷入精神失常的出口日出麿，其調查書內容過於正常起疑，大本教更告發檢察官涉嫌偽造文書，法院遂傳召相關警官以證人身分調查，

3 | 1 / 2

1｜日本政府以大本教本宮山神殿，參照伊勢神宮興建為由強行拆除。圖為伊勢神宮內宮。

2｜丹波龜山城內，出口王仁三郎提倡的「神人一致」石碑。

3｜大本教根據地：丹波龜山城（天恩鄉），大本教曾遭到日本政府兩次大規模鎮壓。

令案情變得對大本教有利。一九四二年（昭和十七年）七月二審判決，高野綱雄在判詞中為大本教平反，大本教並非邪教，就違反治安維持法宣判大本教無罪（不敬罪仍然有罪）。同時，裁判所批判檢察官調查書可信性低。裁判所的判決，可說是狠狠地摑了日本政府一巴掌。

當時正值第二次世界大戰期間，日本政府對傳媒有著嚴密監控，因此大本教違反治安維持法無罪一出，親政府媒體紛紛以簡短報導了事，只集中報導大本教不敬罪罪成，出口王仁三郎被判監禁五年等等。也有報章挺身而出，如《國民新聞》便刊登讚賞裁判所判決公正的評論。一九四二年（昭和十七年）八月七日，出口王仁三郎夫婦及三女婿出口宇知麿三人獲准保釋，出口王仁三郎前後被拘留長達兩千四百三十五日。出口王仁三郎曾預言獲釋當天，日本將走向戰敗命運。無獨有偶，當天美軍登陸瓜達爾卡納爾島，展開轉守為攻的瓜達爾卡納爾島戰役，此後日本命運如出口王仁三郎所預言一樣⋯⋯。

案件還沒完結，大本教就不敬罪有罪，檢察官就違反治安維持法無罪，分別上訴至大審院，唯審理期間適逢「東京大空襲」，相關文件被毀於戰火中。在沒有證據資料下，一九四五年（昭和二十年）九月，大審院宣告控辯雙方放棄上訴維持原判。翌月，大本教因日本戰敗頒布特赦令，不敬罪獲赦免。至於大本教早前被強賣的綾部、龜岡土地，經歷民事訴訟後，最終獲得發還並擁有至今。大本教獲宣判無罪後，其辯護律師團曾建議向政府追討賠償，不過卻被出口王仁三郎阻止，理由是不忍心拿走國民所背負的血稅，由此可見出口王仁三郎並非一位貪圖私利的人。

雖然大本教最終獲判平反無罪，唯大本教勢力在日本政府強力打壓下早已支離破碎，一厥不振。出口王仁三郎獲赦免不敬罪後，一九四六年（昭和二十一年）二月重新組織「愛善苑」進行傳教活動，並重建綾部及龜岡的總壇。雖然出口王仁三郎一心想復興大本教，可惜其天命也走到盡頭。八月，出口王仁三郎腦中風，此後身體每下愈況，最終在一九四八年一月十九日以七十六歲之齡逝世。

1 輔助新任主教，教內第二把手。
2 明治時代起，「大坂」已被「大阪」所取代。
3 神道教神官墳墓。
4 戰前管理警察部門首長。
5 法務大臣前身，掌管法務。
6 前身為內務卿，掌管地方行財政。
7 被起訴共六十一人，期間共五人死亡，一人精神失常停止審判。

4
5

4｜丹波龜山城天守台，屬大本教聖域禁止進入。
5｜大本教在二戰後重新發展，圖為丹波龜山城內大本龜岡宣教中心。

名古屋城

第二次世界大戰時被焚毀的天下名城

日本在明治維新後，因國力提升得以躋身列強的同時，對傳統古蹟的保育意識亦日益提高，開始注重文物保護及維修，制定國寶法加以規範。

日本在明治六年（一八七三年）因頒布「廢城令」，歷經文化浩劫，全國城郭天守紛紛遭到被強拆出售的命運，就連頗負盛名的名古屋城也不例外。早在一八七〇年（明治三年），尾張前藩主德川慶勝便向明治政府提出拆卸名古屋城（愛知縣名古屋市），並將大天守頂部屋簷兩端的金鯱融掉換成金塊，以作為遣散武士歸農及整頓拆卸後名古屋城空地之用。不過德國公使馬克思．科．布蘭特（Max von Brandt）及陸軍大佐中村重遠以保育角度極力爭取保留部分著名城郭。一八七九年（明治十二年）十二月，陸軍卿[1]山縣有朋最終決定保留當時最大的兩座城郭：名古屋城及姬路城（兵庫縣姬路市），令名古屋城天守及本丸御殿最終逃過一劫。

轉眼間日本踏入昭和時代，世人注重保護古建築文物的聲音漸增。而一八九七年（明治三十年）所制定的《古社寺保存法》，只針對保育神社寺院但不包括城郭等其他建築，早已不合時宜；因此日本政府在一九二九年（昭和四年）三月二十八日頒布《國寶保存法》，以取代《古社寺保存法》，並於七月一日實施。《國寶保存法》最大的特色，就是將保育範圍由神社寺院及所屬文物，擴展至全國國有及私有的建築及文物。文部大臣指定具歷史性的建築物及文物為舊國寶[2]，當舊國寶有需要改變現狀或易手時，必須得到文部大臣的許可，此舉可防止日本舊國寶流出海外。在《國寶保存法》實施時，共有三千七百零四件文物及八百四十五組建築物（一千零八十一棟建築）獲承認為舊國寶，最終共收錄多達約八千兩百件舊國寶。

在眾多被列為舊國寶的古蹟文物中，究竟哪座城成為城郭首個代表？一九三〇年（昭和五年）名古屋城天守等建築物（二十四棟），是首座以城郭身分獲認定為舊國寶，成為城郭的「國寶第一號」。順帶一提，名古屋城本丸御殿內障壁畫，則在一九四二年（昭和十七年）被列為舊國寶。

在眾多城郭之中，為何名古屋城能脫穎而出，成為首個城郭舊國寶呢？城郭以天守最為矚目及代表性，而當年僅存的城郭天守中，以名古屋城天守的規模最高最大。名古屋城大天守全高五十五點六公尺，相當於十八層樓高；大天守各層面積總計達四千四百二十四點五平方公尺，其體積為姬路城大天守約二點五倍。名古屋城天守不僅是全國最大天守，其頂端更安放一對代表昔日尾張藩光輝的金鯱而聞名於世，因此名古屋城在當時被視為日本城郭的象徵，被譽為「近世城郭建築最高傑作」。

提到名古屋城，則不得不提作為名古屋城象徵的金鯱。金鯱共雌雄一對，高約二點七四公尺，重量達兩百一十五點三公斤，共使用了一千九百四十枚慶長大判金塊。當初金鯱含金量極高，唯尾張藩因財政惡化的緣故，曾在一七三〇年（享保十五年）、一八二七年（文政十年）及一八四六年（弘化三年）三度將鯱鱗改鑄，將其純度下降，藉此提煉金塊幫補財政。最後金鯱因純金量下降，失去光澤，尾張藩便以防止被盜及避免鳥隻停留為由，為這對金鯱鋪設金網來「遮醜」。

踏入明治時代，尾張藩將之上貢予宮內省。之後金鯱在一八七二年（明治五年）於湯島聖堂（東京都文京區）博覽會展示，其後雄鯱在石川、大分、愛媛等博覽會上公開；雌鯱則參加一八七三年（明治六年）的維也納萬國博覽會，兩鯱最後在一八七九年（明治十二年）二月回到名古屋城大天守上，繼續成為名古屋城的「地標」。

二戰期間遭轟炸損毀

只是「成也金鯱，敗也金鯱」，名古屋城在光榮背後亦難逃戰爭無情。第二次世界大戰末期、一九四五年（昭和二十年）五月十四日早上八點二十分，美軍出動四百四十架B-29轟炸機對名古屋發動大規模空襲。擁有金鯱的名古屋城，自然鋒芒畢露，成為眾矢之的。在B-29轟炸機燃燒彈的轟炸下，名古屋城大小天守連同金鯱，以及本丸御殿、東北隅櫓、正門等等，在熊熊大火中盡毀。

名古屋城並非沒有防範，當時正在拆卸可搬走的物件。例如本丸御殿內部分障壁

1
2

1｜戰前日本城郭「國寶第一號」名古屋城，圖為戰後重建的名古屋城大小天守。
2｜名古屋城將軍專用本丸御殿，二戰連同天守一併焚毀，圖為近年重建的本丸御殿。

畫及天井板繪，皆因已被拆走而倖免於難。而空襲時名古屋城大天守正築起棚架（鷹架），準備拆卸金鯱，不幸因燃燒彈命中棚架而引發大火，連同大天守一起焚毀。根

名古屋城金鯱盜寶傳說

自江戶城天守被焚毀沒再重建後，名古屋城變成全國最大天守，其頂上金鯱也是全國最大，自然引起不少小偷垂涎。江戶時代便流傳著柿木金助乘著風箏接近金鯱偷金的故事。自明治時代後，金鯱曾發生四宗失竊事件。首先在一八七一年（明治四年）三月，一名陸軍名古屋分營番兵，趁金鯱獻上予宮內省之際，私下盜取三枚金鱗，結果事敗被判槍斃；一八七六年（明治九年）四月，一位犯人趁金鯱在東京博物館保管期間進行偷竊，結果被判監禁十年；一八七八年（明治十一年），一名陸軍士兵趁復原工程進行期間盜竊，結果這名犯人被視為軍事機密處理，下落不明。

最後一宗在一九三七年（昭和十二年）一月六日，一位名古屋市建築局技師，趁著名古屋城「下賜記念事業」進行實際調查之際，偷偷盜取雄鯱身上五十八枚金鱗，當年價值達四十萬日圓（折合現值約六億台幣）。事件被揭發後，愛知縣刑事課全面禁止傳媒報道，並發布全國通緝令。由於事件在「下賜記念事業」期間發生，當時名古屋市長引咎辭職。最後該名犯人逃亡至大阪，同月二十七日在大阪的貴金屬店企圖賣出手上的金鱗事敗被捕，最後被判處十年監禁。

據當時負責拆卸金鯱工程、名古屋城的副監視長原田尊信事後憶述，當時為搭建棚架，將大天守最上層南面的三扇窗打開，卻令燃燒彈直接飛入而引發整幢燃燒。這場大空襲除了舊國寶名古屋城被焚外，最終還導致名古屋市多達兩萬一千九百零五棟房子被毀，三百三十八人死亡、七百八十三人受傷，並多達六萬六千五百八十五人受災。

日本戰敗投降後，名古屋城天守以鋼骨鋼筋混凝土形式重建原貌，而金鯱亦在此時由大阪造幣局內當時屈指可數的鎚金師重新鑄造，雄鯱高約二點六二公尺、雌鯱高約二點五七公尺，共重八十八公斤。一九五九年（昭和三十四年）十月一日，名古屋城天守連同金鯱正式重現於世人眼前。如果當初名古屋城天守逃過一劫仍流傳於世的話，以其歷史地位不只是國寶，甚至能入選世界文化遺產之列，只可惜戰爭無情，徒令名古屋人心中留下遺憾。

1 陸軍總司令。

2 由於一九五〇年（昭和二十五年）實施《文化財保護法》重新編錄國寶，因此《國寶保存法》時所定下的國寶，現今一律以「舊國寶」稱呼。

5 | 3 / 4

3｜名古屋城頂上的金鯱，明治時代以來曾發生四次失竊事件。

4｜二戰時名古屋城本丸御殿部分障壁畫及天井板繪，拆下存放於附近的乃木倉庫而倖免於難。

5｜昔日名古屋城大小天守的照片。

廣島城

見證人類首次使用核子武器的原爆災禍

就在名古屋城被燒毀約三個月後，一九四五年（昭和二十年）八月六日上午八時十五分，美軍在廣島市投下原子彈，為人類史上首次使用核子武器攻擊。廣島市瞬間化為人間煉獄，全市幾近移為平地，廣島城也無法倖免倒塌。

佐佐木禎子短暫的一生

在原子彈投下時，身處距離爆炸地約一點七公里的佐佐木宅，其中有一名兩歲女童佐佐木禎子不但受到爆風牽連，更被後來含輻射物質的黑雨淋濕。與佐佐木禎子一起的母親，也立即感

廣島城天守挺過原子彈浩劫

一般說法是原子彈轟炸廣島的時候，廣島城天守被爆風即時催毀。不過根據近年考證，似乎並非這麼回事。根據當地研究員從當年廣島城天守倒下殘骸碎片分布等考證推測，原子彈在上空爆炸的那一刻，其放射熱能未令廣島城天守倒塌，隨之而來的爆風所造成的衝擊波，亦沒有將廣島城天守整座吹走。

不過廣島城天守在經歷熱能及爆風後已傷痕纍纍，特別是衝擊波將廣島城天守下面兩層催毀。不久廣島城天守下面兩層因無法承受上面三層重量而被壓毀，接著上面三層因下陷無法維持平衡，旋即倒塌，大量建築材料散落在天守台及東北面的水濠上。由於廣島經歷原子彈後變成廢墟，廣島城天守遺骸就這樣散落維持著一段時間。至於這些建築材料，有傳被生活困苦的市民拿走使用，亦有傳瀨戶內海的製鹽業者，為救濟災民以鹽作為交換。

到身體不適，唯佐佐木禎子卻無異樣。佐佐木禎子不但一直健康地成長，更有出色的運動神經，小學時表示將來夢想是成為一位中學的體育老師。

由於佐佐木禎子曾遭受原子彈爆炸幅射影響，加上不少人在原爆後陸續出現後遺症，日本政府於是密切觀察他們的身體狀況。一九五四年（昭和二十九年）八月，當時小學六年級的佐佐木禎子，在接受例行檢查時並無問題。十月二十五日的秋季運動會上，她更帶領隊伍勇奪第一名。只是萬萬沒想到一年後的同一天，竟然是其死忌。

就在運動會結束後不久，佐佐木禎子在十一月發現頸上開始出現結痂。一九五五年（昭和三十年）一月，佐佐木禎子因感冒影響，結痂位置出現變化，臉部開始腫脹。一月十八日佐佐木禎子在醫院接受檢查，還是無法找到原因。由於情況特殊，於是在二月十六日轉介至ABCC[1]接受更詳細的檢查。兒童科的畑川醫生在二月十八日得悉ABCC的檢查報告後，告訴佐佐木禎子的父親，她患上受原子彈幅射影響引致的「亞急性淋巴腺白血病」，簡單來說便是「血癌」。畑川醫生估計佐佐木禎子壽命最短只有三個月、最長也不過一年，佐佐木禎子於是在二月二十一日開始入住廣島紅十字醫院[2]（廣島縣廣島市），展開漫長的抗癌之路。就在佐佐木禎子不斷進出醫院的同時，四月的她成為中學生，就讀廣島市立幟町中學校（廣島縣廣島市）。

佐佐木禎子在八月收到來自名古屋高中生探病贈送的紙鶴後，對摺紙鶴產生濃厚興趣，深信在醫院內摺滿一千只紙鶴的「千羽鶴」後，便會恢復健康。佐佐木禎子對摺紙鶴的熱情感染其他病人，一眾患者紛紛加入摺紙鶴的行列，其事蹟亦獲得廣泛報導。佐佐木禎子早在八月下旬，已摺逾一千只紙鶴，不過她並不滿足於現狀，於是向其他院友表示要向高難度挑戰，利用針去摺更小的紙鶴。當時的摺紙沒有更小的尺寸，而且紙質比較粗糙，佐佐木禎子只好利用藥物的包裝紙來摺。

雖然佐佐木禎子勇敢地對抗病魔，可惜造化弄人，佐佐木禎子的身體一直衰弱下去。十月二十五日，去年的此時正是佐佐木禎子就讀小學的秋季運動會。當天早晨，佐佐木禎子已經進入彌留狀態，忍著悲痛心情的佐佐木禎子的父親，問佐佐木禎子想吃什麼？「我想吃茶泡飯。」親人們立即收集材料，弄了一鍋茶泡飯，一起吃「最後的早餐」。佐佐木禎子吃罷，用盡最後一口氣說：「爸爸、媽媽、各位，謝謝了。」便昏迷不醒。上午九時五十七分，當時負責佐佐木禎子的沼田醫生，向其親人宣告，她已踏上新的旅程……年僅十二歲。

♜ 千羽紙鶴與原爆之子

在佐佐木禎子的葬禮上，參禮者每人獲分配兩、三只她所摺的紙鶴，讓他們能放進佐佐木禎子的棺內。因此佐佐木禎子出殯之時，其棺內放滿自己所摺的紙鶴在其身旁。即使如此，佐佐木禎子仍留下不少親手所摺的紙鶴保存至今。包括佐佐木禎子就讀的小學母校廣島市立幟町小學校（廣島縣廣島市）擁有一只紙鶴；美國前總統杜魯門（Harry S. Truman）所屬的總統圖書館亦獲贈一只紙鶴。

佐佐木禎子雖然離大家而去，不過其摺千羽鶴的求生舉動，早已感染同學及其他原爆受害者，將其意志繼承下來，摺千羽鶴也因此成為祈求和平的象徵。就在佐佐木禎子死後十多天的一九五五年（昭和三十年）十一月八日，一名男子從新聞得知佐佐木禎子的死訊，便向她的同級學生提議，藉佐佐木禎子之死作為開端，為了因原爆而死的兒童建立慰靈碑。四天後在全日本初中校長會會場上，佐佐木禎子的八位同級學生，為籌備設立

佐佐木禎子摺了多少只紙鶴

佐佐木禎子生前一共摺了多少紙鶴呢？歷來出現多個說法。根據廣島和平紀念資料館宣稱，共一千三百只，親人及非官方則流傳一千五百只甚至兩千只的版本，實際數量則不明。至於佐佐木禎子沒摺滿一千只的說法，則為後世創作。順帶一提，未完成的紙鶴共有十二只。至於佐佐木禎子摺千羽鶴的原因，根據其兄長佐佐木雅弘的說法，她最初摺的一千只鶴是為了祈求治好自身的病，之後再摺的則是為了父親欠債一事祈禱。

島外科内科

3 | 1 / 2

1｜當年原子彈在廣島的爆心地。

2｜佐佐木禎子當時就讀的中學，校內有紀念碑。

3｜廣島城在遭受原子彈轟炸後，天守沒即時倒塌，而是經過一段時間後因底層無法承受壓力而倒下。

慰靈碑派發傳單，結果獲全國初中學校捐贈資金援助。翌月他們號召廣島市小學、初中及高中學校參加活動，並組織「關心廣島和平兒童．學生會」，擴大規模。翌年為慰靈碑進行街頭募捐，年底時累計籌集達五百四十萬日圓（折合現值約一千六百二十萬台幣）。不但獲得全國逾三千兩百間學校響應募捐，更收到來自海外共九個國家的捐款。導演木村莊十二，當時以此為題材拍成電影《千羽鶴》。

一九五八年（昭和三十三年）五月五日，為弔唁原爆犧牲者的廣島市和平紀念公園（廣島縣廣島市）竣工，園內放置一座九公尺高的原爆之子像塔，塔頂站著一位捧著紙鶴的少女銅像，寄予和平未來之夢，這個銅像就是以佐佐木禎子為原型；雕像下的吊鐘文字，由物理學家湯川秀樹揮毫；吊鐘底下正是學生們籌建的石碑。佐佐木禎子的原爆之子雕像，仿佛在告訴世人，不要讓廣島一事再次在世上重演……。

原爆之子雕像旁邊特別設置一個吊架，收集各方寄來供奉雕像的千羽鶴。每年從世界各地寄來的千羽鶴重約十噸，以往這些千羽鶴被燒掉處分；不過為響應環保，自二〇〇一年（平成十三年）開始，千羽鶴改為送到回收工場加工成再生紙。

佐佐木禎子的故事，在原爆之子像樹立後開始向海外流傳；而千羽鶴亦超越了本身單純祈福長壽的原意，作為主張人類擁有的基本生存權利而流傳。現今無論是佐佐木禎子還是千羽鶴，皆為廣島以至日本的反核象徵而廣為熟識。

1 原爆傷害調查委員會，現今「放射線影響研究所」。

2 現今「廣島紅十字原爆醫院」。

4
5

4｜公園內的原爆之子像，正面高舉千羽鶴的女性銅像，便以佐佐木禎子為原型。
5｜為紀念廣島遭受原子彈轟炸的廣島和平紀念公園

姬路城

邁向世界的日本第一城

第二次世界大戰後，日本當時保護文化遺產的法律條文分別有《史蹟名勝天然紀念物保存法》、《國寶保存法》及《重要美術品等保存相關法律》等三條，彼此獨立之餘，亦未能全面覆蓋。對舊國寶來說，戰後日本陷入混亂狀態，不少舊國寶因戰災消失，或因管理不善導致損毀，甚至被賣掉流往海外，改革保護文化遺產制度實為當務之急。

日本當時並非沒有對策，文部省早在一九四六年（昭和二十一年）召開古美術保存懇談會，討論修正文化遺產保護制度問題。一九四八年（昭和二十三年）檢討修改文部省與國立博物館關係者之間的法律制度，雖然促成法案，但在沒獲得ＧＨＱ[1]的同意下，只能作罷。

就在這片混亂狀況中出現轉捩點，一九四九年（昭和二十四年）一月二十六日，法隆寺（奈良縣生駒郡）金堂失火，導致堂內壁畫被毀。此事對日本國民打擊甚大，世間遂出現為了保護文化遺產進行徹底改革的聲音。在輿論推動下，日本以此為契機，為保護文化遺產制定綜合法律《文化財保護法》。

《文化財保護法》除了取代《國寶保存法》等三條原有的法令外，更追加無形文化財、民俗資料、及埋藏文化財等新保護範疇，結合成「文化財」[2]這種全新文化遺產概念，綜合立法保育的新制度，同時重新編錄現存舊國寶。一九五〇年（昭和二十五年）五月三十日，以保存活用文化財、提升國民文化為目的的《文化財保護法》

正式成立，並於八月二十九日開始實施。在有形文化財[3]之中，受國家指定保護的稱為「重要文化財」；當中具有特別重要保育價值的，則列為「國寶」級別的兩階段指定制度。

說了一大堆文化財保育，那麼跟姬路城又有何關係呢？「大難不死，必有後福」可謂是姬路城的最佳寫照。正如前文所述，名古屋城天守不幸被美軍空襲摧毀。戰後幾乎完好無缺的姬路城，遂取代名古屋城成為日本第一名城。《文化財保護法》出爐後，姬路城大小天守等八十二棟建築，順利列入重要文化財。至於大家最關心的國寶資格，一九五一年（昭和二十六年）六月九日，姬路城大天守以國寶編號十一號身分，成為全國首座被封為國寶的城郭建築，同時其小天守及櫓共七棟建築，亦提升為國寶級別。根據《文化財保護法》，日本政府擁有姬路城建築物及大部分用地，並任命姬路市以官方機構身分進行管理，任何改動則必須得到日本政府批准。

舊國寶降格疑雲

當《文化財保護法》推出之時，不少舊國寶只被列入重要文化財而非國寶，使部分人誤會原有國寶被「降格」。事實上《文化財保護法》列明，將所有現存舊國寶，列為與舊國寶同級的重要文化財，在重要文化財之上另設國寶級別，即是說國寶的地位在舊國寶之上。舊國寶未能過渡至國寶，只是「未能升格」，並不存在降格問題。

世界文化遺產之路

保育風潮不只日本，世界各國對此亦同樣重視。戰後成立的國際組織「聯合國」，早於一九四五年（昭和二十年）十一月十六日設立聯合國教科文組織（UNESCO）時，其憲章已宣稱為保護世界遺產而努力。後來聯合國根據威尼斯憲章，於一九六五年（昭和四十年）成立國際古蹟遺址理事會（ICOMOS），作為聯合國保護全球文化古蹟的諮詢機構。

隨著世界各國開發發展，加上部分地方日久失修或狀況惡化，各地的文化及自然遺產，無法避免地受到破壞威脅，聯合國遂籌備落實文化及自然遺產的保護制度。一九七二年（昭和四十七年）十月十七日聯合國教科文組織大會於巴黎舉行，在經過近一個月的磋商，十一月十六日以保護具顯著普世價值的文化及自然遺產為目的，通過《保護世界文化及自然遺產公約》，最終於一九七五年（昭和五十年）十二月十七日生效，簡稱《世界遺產公約》，隨後組成「世界遺產委員會」，負責審議各國所推薦的遺跡，輯錄成《世界遺產名錄》。

就文化遺產方面，只要滿足以下其中一點，均可列入《世界遺產名錄》：

1
2

1 | 日本首個世界文化遺產之一：姬路城。

2 | 支撐姬路城大天守的兩條大木柱之一：西大柱。經過多年老化，西大柱於昭和大維修時拆下替換，放在三丸供遊客觀賞。

一、表現出人類創造才能之傑作。
二、某時期或文化圈相關建築、技術、紀念物藝術、城鎮規畫、景觀設計的發展，展現人類價值的重要交流。
三、就現存或消失的文化傳統或文明，提供獨特或稀有的證據。
四、呈現人類歷史重要時代的建築群體、風格、技術結晶或優美景觀。
五、以利用陸地或海洋作典範，代表單一或數種文化的傳統聚落。特別是因人類與環境互動下，導致無法逆轉的改變而面臨瀕危之典範。
六、有明顯普遍意義的事件、現存傳統、思想、信仰及藝術文學作品，具直接或實質關連（世界遺產委員會期望此基準與其他基準共同使用）。

至於日本則在一九九二年（平成四年）六月三十日，以第一百二十五國締約國身分加入，並於九月三十日生效。日本既然簽署加入《世界遺產公約》，作為成員國之一，當然積極爭取將國內遺跡列入《世界遺產名錄》。在文化遺產方面，作為全國名城之首的姬路城，自然希望加入成為世界遺產。不料在十月，當日本向聯合國世界遺產中心推薦姬路城為暫定世界遺產名單時，姬路城卻發現一個意外的對手！

在日本舉薦暫定世界遺產名單當中，一共有四項文化遺產。第一當然是「姬路城」；第二是擁有悠久歷史的奈良「法隆寺地區佛教建築物」；第三是昔日鎌倉幕府根據地「武家之古都鎌倉」；第四是另一城郭國寶「彥根城」！當彥根城成為暫定世界遺產名單消息一出，給姬路城一定程度上的震驚及威脅，畢竟兩城的歷史價值及意義相同，角色完全重疊，而且彥根城天守比姬路城天守更早三年落成，是一個強勁的對手。不過相比姬路城，彥根城卻有著許多先天不足，無論天守及城郭規模，均遠遠不如姬路城。但或許彥根城也自知勝算不高，最終沒再進一步爭取提名世界遺產。日本最後在同月，分別為「姬路城」及「法隆寺地區佛教建築物」提交推薦書，正式提名登錄《世界遺產名錄》。

姬路城以其全國最宏偉的現存天守，以及雪白華麗如白鷺的外觀，加上天守連同城郭長達近四百年歷史，以日本城郭典範代表脫穎而出，早已成為世界性的著名歷史建築。因此早在九月，在日本將姬路城推舉列入世界遺產之前，國際古蹟遺址理事會率先對姬路城進行實地調查，其後在一九九三年（平成五年）四月及八月，兩度前往姬路城實地考察。十月，國際古蹟遺址理事會向世界遺產委員會建議，把姬路城登錄《世界遺產名錄》。

第十七屆世界遺產委員會在十二月十一日於哥倫比亞的卡塔赫納展開，會上「法隆寺地區佛教建築物」（編號：六六〇）與「姬路城」（編號：六六一）雙雙成為日

4 | 5 | 3

3｜曾與姬路城競逐加入世界文化遺產的另一國寶：彥根城。

4｜姬路城成為世界文化遺產後，當地製作「世界遺產姬路城」渠蓋（人孔蓋）作紀念。

5｜姬路城以日本第一城郭之譽而廣為世界所認識。

世界遺産
姫路城
OSUI

本首個正式登錄《世界遺產名錄》的世界文化遺產。當時世界遺產委員會，公布姬路城的登錄基準如下：

標準（一）：表現出人類創造才能之傑作。

世界遺產委員會：姬路城內大量建築物及多層屋簷均塗上白灰泥確為精妙，其美麗外貌兼備實用功能，為木造建築傑作。

標準（四）：呈現人類歷史重要時代的建築群體、風格、技術結晶或優美景觀。

世界遺產委員會：代表日本木造城郭建築的最優秀之作，並完整無損地保留重要特徵。

當國際古蹟遺址理事會向世界遺產委員會推薦姬路城時，指姬路城為「具備明治時代以前日本封建制度象徵」，故符合「標準（三）：就現存或消失的文化傳統或文明，提供獨特或稀有的證據」，卻未獲世界遺產委員會接納。不過仍然無損姬路城作為現今日本城郭的象徵。二〇一五年（平成二十七年）三月二十七日，姬路城經歷「平成大修理」後，回復昔日雪白面貌，重新向世界展現其「日本第一城」之美。

1 盟軍最高司令官總司令部。

2 因人類文化活動所衍生的有形以及無形文化財產。

3 物質文化遺產。

跋

此書得以面世，筆者在此要答謝兩人。第一位是胡煒權博士，他穿針引線讓筆者與本書編輯陳怡慈小姐認識；第二位是陳怡慈小姐，遙想當初她找筆者寫書之時，筆者正整理日本旅行的史蹟照片，她希望出版一本介紹城下故事的書，遂打探筆者意願，雙方一拍即合促成此事。

在撰寫過程中，每篇寫作都是一種學習，在翻查史料史書上重新審視歷史而獲益匪淺，重新體會自己對歷史的疏淺與無知。遺憾的是為平衡每篇字數，部分內容不得不有所刪減。此外，筆者原先希望到日本拍攝照片配合故事，不過因疫情緣故無法前往作罷，只能以手上照片說明而未盡完美。寫罷筆者更想到書中提及的地方再走一趟，說不定會有新的體會，畢竟筆者本身就是好動的行動派（笑）。

誠蒙各路朋友鼎力相助推薦，希望此書能獲得好評，好讓筆者有機會繼續為大家娓娓道來更多不同的日本城下故事。最後感謝購買此書的您。在此書面世之時，筆者正撰寫另一本與城郭相關書籍，希望不久再次和大家見面吧！

二〇二一年三月　香港　孫實秀（森）

＊是次再版，承蒙各方厚愛，特別鳴謝黃可兒（Kiri）小姐與陳家倫先生撥冗指正筆誤。

參考書目

日文書籍

1. 30の名城からよむ日本史　安藤優一郎　著　日本経済新聞出版　2018年
2. クロニック戦国全史　池上裕子　等　編　講談社　1995年
3. フロイスの見た戦国日本　川崎　桃太　著　中央公論新社　2006年
4. 日本の歴史15　織豊政権と江戸幕府　池上裕子　著　講談社　2002年
5. 日本人が知らない意外な真相！　戦国時代の舞台裏大全　歴史の謎研究会　編青春出版社　2017年
6. 日本合戦騒動叢書13　北条五代記（現代語訳）　三浦浄心　著　矢代和夫　大津雄一　訳　勉誠出版　1999年
7. 日本合戦騒動叢書7　関ヶ原合戦記　西野辰吉　著　勉誠社　1994年
8. 日本戰史　關原役（覆刻版）　参謀本部　編　村田書店　1977年
9. 王政復古の事情　浅野長勲　著　東京芸備社　1921年
10. 地方の視座から読み解く日本人の歴史シリーズ　1　戦国日本—日本の源は地方にあり！　中井均　編　郷土出版社　2009年
11. 年表戦国史　二木謙一　著　新人物往来社　1978年
12. 考証　織田信長事典　西ヶ谷恭弘　著　東京堂出版　2000年
13. 別冊宝島　新説　戦国時代　応仁の乱から大坂夏の陣まで「天下統一」の歴史　山本博文　監修　宝島社　2017年
14. 別冊歴史読本13　織田信長のすべてがわかる本　牧野洋　編　新人物往来社　2002年
15. 別冊歴史読本16　戦国の魁　早雲と北条一族　北条五代百年の興亡の軌跡　酒井直行　編　新人物往来社　2005年
16. 別冊歴史読本56　戦況図録　大坂の陣　永き戦乱の世に終止符を打った日本史上最大規模の攻城戦　牧野洋　編　新人物往来社　2003年
17. 図解幕末史　増補改訂版　水野大樹　著　standards　2017年
18. 図解雑学　戦国史　源城政好　著　ナツメ社　2005年
19. 図説　戦国合戦総覧　新人物往来社　編　新人物往来社　1977年
20. 完全制覇　戦国合戦史—この一冊で歴史に強くなる！　外川淳　著　立風書房　1999年
21. 改訂新版　戦国群雄伝　信長、秀吉、そして毛利元就…戦国に覇を唱えた武将たち　高林祐志　編　世界文化社　2005年
22. 岩倉公実記　下巻　1　多田好問　編　皇后宮職　1906年
23. 明治戊辰山岡先生与西郷氏応接筆記　山岡鉄太郎　述　大森方綱　出版　1882年
24. 東北遊日記　上　吉田松陰　著　河内屋吉兵衛　出版　1868年
25. 東京府統計表　明治10年　東京府　1878年
26. 時空旅人ベストシリーズ　新撰組　その始まりと終わり　栗原紀行　編　三栄書房　2017年

27. 海舟全集　第9巻　勝安芳　著　改造社　1927年
28. 第二期戦国史料叢書15　関八州古戦録　槇島昭武　著　中丸和伯　校注　人物往来社　1967年
29. 第二期戦国史料叢書1北条史料集　萩原龍夫　校注　人物往来社　1966年
30. 提督彼理：開国先登　米山梅吉　著　博文館　1896年
31. 朝倉義景のすべて　松原信之　編　新人物往来社　2003年
32. 集英社版　日本の歴史　(10)　戦国の群像　池上裕子　著　集英社　1992年
33. 戦国グラフィティ　織田信長　日本城郭協会　編　講談社　1991年
34. 戦国人名事典〔コンパクト版〕　阿部猛　西村圭子　編　新人物往来社　1990年
35. 戦国人名辞典　戦国人名辞典編集委員会　編　吉川弘文館　2005年
36. 戦国史事典　戦国史事典編集委員会　編　秋田書店　1980年
37. 戦国史料叢書1　太閤史料集　桑田忠親　校注　人物往来社　1965年
38. 戦国史料叢書6　家康史料集　小野信二　校注　人物往来社　1965年
39. 戦国史談　桑田　忠親　著　潮出版社　1980年
40. 戦国合戦大事典6　京都府・兵庫県・岡山県　戦国合戦史研究会　編　新人物往来社　1989年
41. 戦国武将合戦事典　峰岸純夫　片桐昭彦　編　吉川弘文館　2005年
42. 新・歴史群像シリーズ3　信長・秀吉・家康　天下統一と戦国の三英傑　岡部學編　学研プラス　2006年
43. 新訂　信長公記　太田牛一　著　桑田忠親　校注　新人物往来社　1997年
44. 徳川家康のすべて　北島正元　編　新人物往来社　1983年
45. 歴史人NO.90　戦国時代の全国勢力変遷地図　岩瀬佳弘　編　KKベストセラーズ　2018年
46. 歴史人NO.93　志士たちの真実　幕末維新　笹岡政宏　編　KKベストセラーズ　2018年
47. 歴史人NO.95　戦国乱世　知将たちの選択　笹岡政宏　編　KKベストセラーズ　2018年
48. 歴史人NO.96　見果てぬ夢　志士の最期　笹岡政宏　編　KKベストセラーズ　2018年
49. 歴史人NO.98　〔合戦地図〕で読み解く名将の決断　後藤隆之　編　KKベストセラーズ　2019年
50. 歴史人NO.99　【真説】新選組　騒乱の幕末に剣と誠を貫いた男たちの真実　後藤隆之　編　KKベストセラーズ　2019年
51. 歴史人NO.100　【古地図】と【現代地図】でたどる　江戸の名所100　後藤隆之編　KKベストセラーズ　2019年
52. 歴史人NO.102　幕末　事件史　後藤隆之　編　KKベストセラーズ　2019年
53. 歴史人NO.103　戦国最大の謎をすべて解き明かす！　信長殺しの主犯と動機　本能

寺の変の真実　後藤隆之　編　KK ベストセラーズ　2019 年
54. 歴史人 NO.104　維新回天を牽引した　幕末諸隊の真実　後藤隆之　編　KK ベストセラーズ　2019 年
55. 歴史人 NO.105　天下泰平 260 年の幕藩体制を支えた　徳川将軍 15 代の真実　後藤隆之　編　KK ベストセラーズ　2019 年
56. 歴史人 NO.107　勝者の側から書かれた歴史を覆す！　敗者の日本史　後藤隆之　編　KK ベストセラーズ　2019 年
57. 歴史人 NO.108　坂本龍馬の真実　後藤隆之　編　KK ベストセラーズ　2019 年
58. 歴史人 NO.112　日本史の謎 100　古代から幕末維新まで、歴史の最新論点はコレだ！　後藤隆之　編　KK ベストセラーズ　2020 年
59. 歴史人 NO.114　〔新選組〕鬼の副長　土方歳三の真実　後藤隆之　編　KK ベストセラーズ　2020 年
60. 歴史人 NO.116　天下泰平を謳歌した庶民の「暮らし」と「仕事」を図解解説！　江戸庶民の衣食住　後藤隆之　編　KK ベストセラーズ　2020 年
61. 歴史人 NO.118　日本史の偉人 200　後藤隆之　編　KK ベストセラーズ　2020 年
62. 歴史人 NO.123　「古地図」と「現代地図」で歩く　江戸・京都・大坂　名所めぐりと庶民の暮らし　後藤隆之　編　ABC アーク　2021 年
63. 歴史人別冊　BEST　MOOK　SERIES　63　SPECIAL　西郷隆盛と幕末維新の争乱　岩瀬佳弘　編　KK ベストセラーズ　2017 年
64. 歴史人物群像　戦国乱世を戦った十二人の軍師たち　武田鏡村監修　PHP 研究所　1992 年
65. 歴史群像シリーズ　戦国セレクション　決戦　関ケ原　戦国のもっとも長い日　太丸伸章　編　学研プラス　2000 年
66. 歴史群像シリーズ　戦国セレクション　奮迅　真田幸村　戦国でもっとも強い漢太丸伸章　編　学研プラス　2000 年
67. 歴史群像シリーズ　戦国セレクション　激震　織田信長　破壊と創造の戦国覇王　新井邦弘　編　学研プラス　2001 年
68. 歴史群像シリーズ　戦国セレクション　激闘大坂の陣　最大最後の戦国合戦　太丸伸章　編　学研プラス　2000 年
69. 歴史群像シリーズ 1 織田信長　〈天下一統〉の謎　太田雅男　編　学研プラス　1987 年
70. 歴史群像シリーズ 3 羽柴秀吉　怒涛の天下取り　太田雅男　編　学研プラス　1987 年
71. 歴史群像シリーズ 4 関ヶ原の戦い　「全国版」史上最大の激突　太田雅男　編　学研プラス　1987 年
72. 歴史群像シリーズ 7 真田戦記　幸隆・昌幸・幸村の血戦と大坂の陣　太丸伸章編　学研プラス　1988 年
73. 歴史群像シリーズ 11 徳川家康—四海統一への大武略　太丸伸章編　学研プラス

1989年
74. 歴史群像シリーズ14真説戦国北条五代　早雲と一族、百年の興　太丸伸章編　学研プラス　1989年
75. 歴史群像シリーズ23坂本竜馬　歴史の波涛に挑んだ青春　太丸伸章　編　学研プラス　1992年
76. 歴史群像シリーズ27風雲信長記　激情と烈日の四十九年　太丸伸章　編　学研プラス　1992年
77. 歴史群像シリーズ31　血誠新撰組―峻烈壬生浪士の忠と斬　太丸伸章　編　学研プラス　1992年
78. 歴史群像シリーズ35　文禄・慶長の役　東アジアを揺るがせた秀吉の野望　太丸伸章　編　学研プラス　1993年
79. 歴史群像シリーズ45豊臣秀吉―天下平定への智と謀　渡部義之　編　学研プラス　1996年
80. 歴史群像シリーズ50　戦国合戦大全　上巻　下克上の奔流と群雄の戦い　太丸伸章　編　学研プラス　1997年
81. 歴史群像シリーズ51戦国合戦大全　下巻　天下一統と三英傑の偉業　太丸伸章　編　学研プラス　1997年
82. 歴史群像シリーズ53　徳川慶喜　菊と葵に揺れた最後の将軍　太丸伸章　編　学研プラス　1997年
83. 歴史群像シリーズ56　幕末剣心伝　青き志と赤き血潮の肖像　太丸伸章　編　学研プラス　1998年
84. 歴史群像シリーズ58　土方歳三　熱情の士道、冷徹の剣　太丸伸章　編　学研プラス　1998年
85. 歴史群像シリーズ72　新選組隊士伝―蒼き群狼、その生と死の断章　新井邦弘　編　学研プラス　2004年
86. 歴史群像シリーズ73　幕末大全・上巻　黒船来航と尊攘の嵐　新井邦弘　編　学研プラス　2004年
87. 歴史群像シリーズ74　幕末大全・下巻　維新回天と戊辰戦争　新井邦弘　編　学研プラス　2004年
88. 歴史群像シリーズ特別編集【決定版】図説・新選組史跡紀行　萩尾農　著　学研プラス　2003年
89. 歴史群像シリーズ特別編集【決定版】図説・幕末志士199　新井邦弘　編　学研プラス　2003年
90. 歴史読本特別増刊事典シリーズ13　日本史「戦国」総覧　吉成勇　編　新人物往来社　1992年
91. 関ケ原と戦国武将の攻防　すべてがこの戦いで終わり、すべてがこの戦いから始まった。　小和田哲男　著　生活社　2000年

92. 関ヶ原合戦　笠谷和比古　著　講談社選書メチエ　2000 年
93. 関ヶ原戦国経済の大転換　楠戸義昭　著　毎日新聞社　2000 年
94. 静寛院宮御日記　上　正親町公和　編　皇朝秘笈刊行会　1927 年
95. 熾仁親王日記　巻一　有栖川宮熾仁　著　高松宮家　1935 年
96. 鍋島直正公伝　第 2 編　中野礼四郎　編　侯爵鍋島家編纂所　1920 年
97. 織田信長のすべて　岡本良一　著　新人物往来社　1980 年
98. 織田信長─知れば知るほど面白い・人物歴史丸ごとガイド　大野信長　著　学研プラス　2003 年
99. 織田信長総合事典　岡田正人　著　雄山閣　1999 年

中文書籍：

1. 57 處日本城町的古今巡禮　城下町・門前町・宿場町之旅　外川淳　著　何姵儀譯　遠足文化事業股份有限公司　2017 年
2. 日本史　鄭學稼　著　黎明文化事業股份有限公司　1977 年
3. 日本戰國・織豐時代史　胡煒權　著　遠足文化事業股份有限公司　2018 年
4. 戊辰戰爭：還原被隱藏的真相　洪維揚　著　遠足文化事業股份有限公司　2019 年
5. 決算忠臣藏　從帳冊史料解讀元祿赤穗事件的真相　山本博文　著　陳系美　譯　遠流出版事業股份有限公司　2013 年
6. 明治維新親歷記　（英）薩道義　著　譚媛媛　譯　文匯出版社　2017 年
7. 真田三代　幸綱、昌幸、信繁　橫跨戰國時代的武將家族傳奇　平山優　著　月翔譯　遠足文化事業股份有限公司　2016 年
8. 迷濛七世紀　幕府時代的中日關係　林景淵　著　南天書局　2007 年
9. 清末中琉日關係史研究　西里喜行　著　胡連成　等　譯　社會科學文獻出版社　2010 年
10. 新選組　幕末終極武士　黒鐵弘　著　黃瑾瑜　譯　遠流出版事業股份有限公司　2004 年
11. 遐邇貫珍　日本日記　羅森　著　關西大學圖書館　藏　1854 年
12. 幕末：日本近代化的黎明前　洪維揚　著　遠足文化事業股份有限公司　2018 年
13. 幕末史　半藤一利　著　黃琳雅　譯　遠足文化事業股份有限公司　2017 年
14. 幕末長州：明治維新胎動之地　鄭祖威　著　遠足文化事業股份有限公司　2019 年
15. 墮落論　坂口安吾　著　蕭雲菁　譯　新雨出版社　2007 年
16. 課本沒教的天災日本史　地動山搖噴火海嘯　從歷史發現古人的防災智慧　磯田道史　著　許嘉祥　譯　遠流出版事業股份有限公司　2017 年

SPOT 27

從名城讀日本史

30 座名城 × 32 個歷史事件，細數從建國到戰後，日本史上的關鍵大事

作者｜孫實秀
責任編輯｜陳怡慈
校對｜周岑霓
美術設計｜陳恩安
內文排版｜薛美惠
出版｜英屬蓋曼群島商網路與書股份有限公司台灣分公司
發行｜大塊文化出版股份有限公司
台北市 10550 南京東路四段 25 號 11 樓
電子信箱｜www.locuspublishing.com
服務專線｜0800-006-689
電話｜（02）8712-3898
傳真｜（02）8712-3897
郵撥帳號｜1895-5675
戶名｜大塊文化出版股份有限公司
法律顧問｜董安丹律師、顧慕堯律師

總經銷｜大和書報圖書股份有限公司
地址｜新北市新莊區五工五路 2 號
電話｜（02）8990-2588　傳真｜（02）22901658
製版｜中原造像股份有限公司

初版一刷｜2021 年 6 月
初版三刷｜2023 年 10 月
定價｜新台幣 520 元
ISBN｜978-986-98990-8-6

國家圖書館出版品預行編目 (CIP) 資料

從名城讀日本史：30 座名城 x32 個歷史事件，細數從建國到戰後，日本史上的關鍵大事 / 孫實秀著. -- 初版. -- 臺北市：英屬蓋曼群島商網路與書股份有限公司臺灣分公司出版：大塊文化出版股份有限公司發行，2021.06
面； 公分. -- (Spot；27)

ISBN 978-986-98990-8-6(平裝)

1. 日本史 2. 戰國時代 3. 歷史性建築
731.254 110006816